6. Dezember

7. Dezember

8. Dezember

10. Dezember

11. Dezember

12. Dezember

13. Dezember

14. Dezember

15. Dezember

9. Dezember

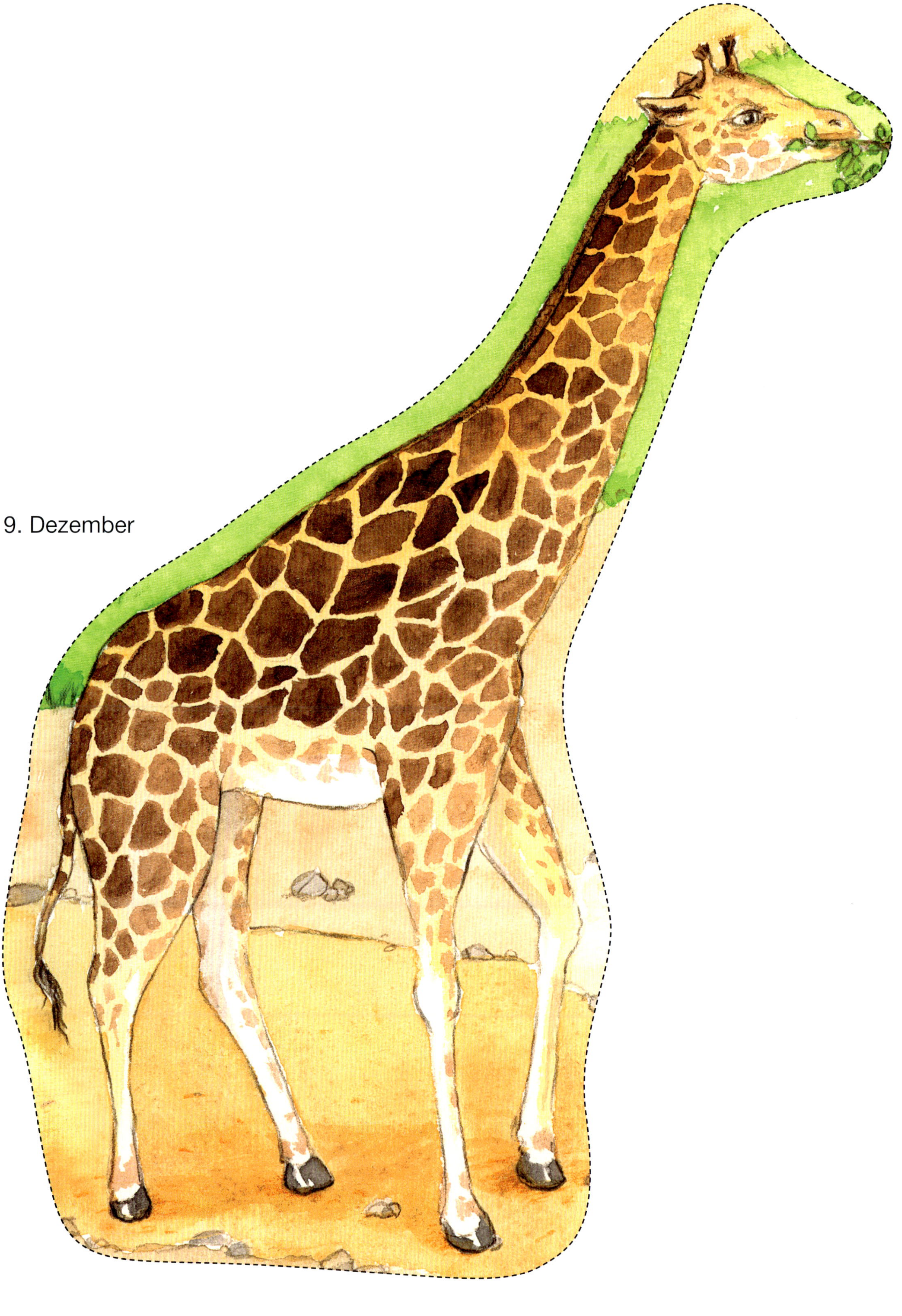

16. Dezember

17. Dezember

18. Dezember

5. Dezember

4. Dezember

1. Dezember

2. Dezember

3. Dezember

Helga Fell/Annette Richert

Auf nach Bethlehem!

Ein Vorleseprojekt zum Mitmachen

Materialien für Kindergarten und Grundschule
Hase und Igel®

www.hase-und-igel.de
Lektorat: Patrik Eis, Barbara Wermann
Layout: Margit Kick
Illustrationen: Gisela Specht
Druck: Köppl und Schönfelder GmbH, Augsburg

ISBN 978-3-86760-839-8

Inhalt

Vorwort

Mit diesem Adventskalender begleiten Sie und Ihre Kinder Maria und Josef auf dem Weg nach Bethlehem. Jeden Tag erleben die Kinder dabei ein Abenteuer und lernen jeweils ein neues Tier kennen, das sich den Reisenden auf dem Weg zur Krippe anschließt.

Damit die Kinder die Geschichten ganzheitlich erfahren, kann das tägliche Ritual des Vorlesens durch dazu passende Aktivitäten wie Basteln, Spielen, Experimentieren und Singen ergänzt werden. So finden Sie für die Tage vom 1. bis 24. Dezember jeweils auf einer Doppelseite eine Vorlesegeschichte und dazu passende Gestaltungsideen. Aufgrund der vielfältigen Angebote eignet sich der Adventskalender sowohl für die Arbeit im Kindergarten als auch in der 1. Klasse.

Auf dem liebevoll gestalteten Poster ist der Weg dargestellt, den Maria und Josef zusammen mit den Tieren zurücklegen. Es verbreitet eine vorweihnachtliche Stimmung im Raum, wird nach und nach von den Kindern vervollständigt und hält die Erinnerung an die Geschichten wach.

Die Geschichten

- Die ersten beiden Geschichten führen Maria und Josef als Hauptpersonen ein und bilden zusammen mit den letzten drei Geschichten die Rahmenhandlung der Reise, der Herbergssuche und des Weihnachtsgeschehens.
- In den Geschichten dazwischen kommen immer mehr Tiere als Wegbegleiter hinzu.
- Gezielte Fragen, die den Vorlesetext unterbrechen, fordern die Kinder zum Überlegen und Mitmachen auf.
- Zu jeder Geschichte gibt es eine Zusammenfassung in wenigen Sätzen. So können die Geschichten, die auf die Wochenenden fallen, in Kurzform nacherzählt werden.

Die Gestaltungsideen

- Nach jeder Geschichte folgen inhaltlich abgestimmte Gestaltungsideen.
- Die Angebote sind frei wählbar, bei Zeitmangel kann auch nur die Geschichte vorgelesen werden.
- Die benötigten Materialien befinden sich weitestgehend im Fundus von Kindergarten bzw. Grundschule. Natürlich können sie auch von zu Hause mitgebracht werden.
- Zu einigen Bastelideen finden Sie Vorlagen oder Schablonen im Anhang.
- Für die Ausgestaltung einer Weihnachtsfeier können Sie das Weihnachtsspiel (Seite 56/57) nutzen. Jeder Figur des Adventskalenders ist ein Vierzeiler gewidmet.

Das Poster

- Diesem Buch liegt ein Poster bei, auf dem der Weg zur Krippe abgebildet ist. Die Motive, die auf dem Poster fehlen, sind als Ausschneidefiguren auf einem weiteren Poster zu finden. Sie haben zwei Möglichkeiten, diese zu nutzen:
- Variante 1:
  Am einfachsten ist es, die jeweils zur Geschichte passende Figur auszuschneiden und auf den dafür vorgesehenen Platz auf dem Poster zu kleben.
- Variante 2:
  Sie können die ausgeschnittenen Figuren auch wie abgebildet auf Pappaufsteller aus Tonpapier kleben:

1. Streifen knicken 2. zusammenkleben 3. Figur aufkleben

Jeden Tag wird dann eine solche Figur auf einen aus verschiedenen Materialien gelegten Adventspfad gestellt. Der Weg kann durch eine typische Landschaft führen, wie in den Gestaltungsideen zum 2. Dezember (Seite 9) vorgeschlagen. Um das Poster nicht ungenutzt zu lassen, kann täglich jeweils ein Kind die aktuelle Figur auf ein entsprechend großes Stück Papier zeichnen und dieses in die Lücke auf das Poster kleben.

Auf Seite 55 finden Sie das Postermotiv mit allen Tieren noch einmal in DIN-A4-Format. Die Seite kann zum

Abschluss des Adventsprojekts für jedes Kind kopiert und am letzten Tag vor den Weihnachtsferien mit nach Hause gegeben werden. Die Kinder können einzelne Figuren oder das ganze Bild ausmalen.

Rituale

- Schaffen Sie eine angenehme und ruhige Atmosphäre, z. B. durch einen Sitzkreis mit Decken, Kissen und Kerzen, die auf feuerfesten Unterlagen stehen.
- Bevor am Morgen die neue Adventsgeschichte vorgelesen wird, erzählen die Kinder den Inhalt der vorangegangenen Geschichte nach.
- Die Geschichten können ab der Erzählung vom 7. Dezember (Seite 18) mit dem Lied eingeleitet werden, das Sie auf dieser Seite finden. Es wird am 6. Dezember eingeführt. Ab diesem Tag sind den Kindern alle Tiere bekannt, die in dem Lied eine Rolle spielen.
- Mit dem Flüstervers, der das Tier des jeweiligen Tages wiederholt, wird der Adventskreis ab der Igelgeschichte beendet.

Und nun: Auf nach Bethlehem!
Viel vorweihnachtliche Freude beim Miterleben der Reise nach Bethlehem und eine friedvolle und gemütliche Adventszeit wünschen Ihnen

Helga Fell und Annette Richert

Esel, Spatz und Elefant

Die Kinder flüstern:

Kommt alle mit ganz leise
auf uns're Weihnachtsreise.
Der Igel (usw.) sieht die Freunde reiten,
so gerne möcht er (sie) sie begleiten.

1. Dezember

Josef packt

Vor langer, langer Zeit lebte ein junger Mann mit dem Namen Josef in Nazareth. So heißt eine Stadt in einem Land, das sehr weit von hier entfernt ist.

Damals wollte Kaiser Augustus alle Leute zählen lassen. Also befahl er, dass jeder in die Stadt gehen musste, in der er geboren worden war, um sich dort in Listen eintragen zu lassen. Deshalb musste Josef mit seiner Verlobten Maria in seinen Geburtsort, die Stadt Bethlehem, reisen. Josef war noch nie so weit gereist. Er wusste, dass der lange Weg dorthin durch eine hügelige Wüstenlandschaft führte, die nur mit wenigen Sträuchern bewachsen war.

Damals gab es noch keine Autos, Eisenbahnen oder Flugzeuge. Was meint ihr, wie man in eine weit entfernte Stadt gekommen ist?

Josef hatte einen Esel. Auf ihm würde Maria reiten und auch Gepäck konnte das Tier tragen. Bevor sie die Reise beginnen konnten, musste Josef noch einige Dinge für unterwegs einpacken.

Was braucht man denn, wenn man länger unterwegs ist?

Josef musste nicht lange überlegen, was er mitnehmen sollte, denn sie konnten auf dem Weg ja nicht viel tragen. Er durfte wirklich nur das Notwendigste einpacken. So legte Josef ein Kleidungsstück zum Wechseln bereit, füllte Wasser in eine Flasche aus gebranntem Ton und packte etwas zu Essen in einen Beutel.

Als es Abend wurde, verließ er kurz das Haus, weil er dem Esel im Stall noch einmal Futter geben wollte. Im Hof betrachtete er die Sterne am Himmel und begann ein bisschen zu träumen: „Was wir auf der Reise nach Bethlehem wohl alles erleben werden?“

Was denkt ihr, was Josef und Maria alles erleben werden?

Ein lautes „Iah!“ schreckte Josef aus seinen Gedanken auf.

„Oh, beinahe hätte ich es vergessen“, murmelte er vor sich hin. „Der Esel braucht ja noch Futter!“

Josef lief in den Stall, gab dem Esel etwas Heu und tätschelte seinen Rücken. Der Esel bedankte sich mit einem schmatzenden „Mmmmih-mmmmah“.

Als Josef vom warmen Stall nach draußen lief, kam ihm plötzlich der Gedanke, dass er beim Packen etwas vergessen hatte: „In der Nacht kann es ganz schön kalt werden. Da nehme ich lieber noch eine warme Decke mit.“

Also legte er im Haus noch eine Decke zu seinem Beutel. Mit einem Lächeln auf den Lippen legte er sich hin und schlief ein.

Zusammenfassung
Als Kaiser Augustus alle Leute in seinem Land zählen lassen wollte, musste Josef mit Maria, seiner Verlobten, nach Bethlehem reisen. Dafür packte er am Vorabend Kleidung, eine Flasche mit Wasser, Essen und eine Decke zusammen.

Kreisspiel: Josefs Beutel

Material für Variante 2:
- reißfestes Tuch
- verschiedene Dinge, z.B.: Schuhe, Jacke, Mütze, Flasche, Apfel, Brot, Gurke, Möhre
- Schnur

So wird's gemacht:
Variante 1:
- Die Kinder sitzen im Kreis.
- Ein Kind beginnt mit dem Satz „Josef packt seinen Koffer und nimmt … mit", wobei es einen geeigneten Gegenstand einfügt.
- Das nächste Kind wiederholt den Satz des Vorredners und fügt dem Satz noch ein weiteres Proviantstück hinzu.
- Jedes weitere Kind zählt alle zuvor genannten Dinge auf, bevor es selbst einen Gegenstand hinzufügt. Schwerer wird es, wenn die Gegenstände in der richtigen Reihenfolge genannt werden müssen.

Variante 2:
- Die Kinder betrachten die Gegenstände, die um das Tuch herum liegen. Das Tuch stellt Josefs geöffneten Beutel dar.
- Sie suchen sich jeweils einen Gegenstand aus, benennen ihn und legen ihn mit dem Satz „Josef packt seinen Koffer und nimmt … mit" auf das Tuch. Die zuvor genannten Dinge werden ebenfalls aufgezählt – nach Möglichkeit in der richtigen Reihenfolge.
- Abschließend wird der Beutel mit einer Schnur zusammengebunden. Die Kinder können ihn probeweise hochheben.

Tipps
- Bei der ersten Variante fällt den Kindern das Aufzählen leichter, wenn sie dabei zu jedem Gegenstand eine passende Bewegung machen.
- Achten Sie darauf, dass die Kinder den Bezug zur damaligen Zeit halten. Dinge wie ein Handy oder ein Gameboy konnten nicht eingepackt werden. Weisen Sie die Kinder darauf hin, dass der Proviant ausschließlich aus überlebenswichtigen Dingen bestanden hat.

2. Dezember

Maria wartet schon

Die Nacht war vorbei und die ersten Sonnenstrahlen glitzerten am Himmel. Durch ein lautes „Kikeriki!“ wachte Josef auf. Sofort stand er auf und trat vor sein Haus, das weiß in der Sonne schimmerte. Um das Haus herum wuchsen ein paar niedrige Sträucher und auf der Straße lagen viele kleine Steine, die knirschten, wenn man über sie lief. Josef ging zum Brunnen, um frisches Wasser zu holen, und dachte dabei an seine Verlobte Maria. Er wollte sie bald mit dem Esel abholen, um mit ihr gemeinsam auf die Reise nach Bethlehem zu gehen.

Maria war schon lange wach. Sie war wegen der bevorstehenden Reise schon sehr aufgeregt und in ihrem Bauch strampelte das Baby, das bald auf die Welt kommen sollte.

Wisst ihr, wer dieses Baby ist?

Maria freute sich sehr auf das Baby. Sie machte sich aber auch ein wenig Sorgen wegen der mühsamen Reise.

„Wo bleibt denn Josef? Er hat doch versprochen, gleich am Morgen zu kommen“, fragte sich Maria. Sie konnte vor lauter Aufregung gar nicht mehr still sitzen und lief zur Haustür, um draußen nachzuschauen.

Josef war weit und breit nicht zu sehen. Maria ging wieder zurück ins Haus und wusste nicht, was sie machen sollte. Ihre Sachen waren schon lange gepackt, das Bündel lag neben der Tür bereit.

Nach ein paar Minuten ging sie in den Hof und setzte sich dort auf eine Bank, um Josef direkt sehen zu können, wenn er die Straße hinaufkommen würde.

„Oh, wo bleibt er denn? Ich möchte endlich los.“ Maria konnte es nicht mehr erwarten, endlich mit Josef loszuziehen.

Habt ihr auch schon einmal ungeduldig auf etwas gewartet?

Draußen liefen auf dem sandigen Boden ein paar Hühner um den bunten Gockelhahn herum. Eine Henne saß in einem Nest und brütete Eier aus.

Als Maria die Henne sah, dachte sie: „Die Henne braucht auch ganz schön viel Geduld, um ihre Eier auszubrüten. Aber das Warten lohnt sich immer. Denn am Ende schlüpfen kleine Küken aus den Eiern!“

So beruhigte sich Maria ein bisschen und auch das Baby in ihrem Bauch schlief wieder ein und strampelte nicht mehr. Um sich die Zeit ein wenig zu vertreiben, nahm Maria einen kleinen Stock in die Hand und malte mit der Spitze eine Sonne, eine Blume und ein lächelndes Gesicht in den Sand.

Während sie das Bild im Sand betrachtete, hörte sie in der Ferne ein leises „Iah!“. Maria blickte hoch und sah nun Josef, der sich zusammen mit dem Esel dem Haus näherte. Voller Freude winkte er ihr zu. Bald war Josef bei Maria angekommen und nun konnte die Reise wirklich beginnen.

Zusammenfassung
Maria, die ein Baby in ihrem Bauch trug, wartete ungeduldig auf Josef, ihren Verlobten. Doch bald holten Josef und der Esel Maria ab. Endlich konnte die Reise beginnen.

Unsere Weihnachtslandschaft

Wenn Sie sich für das Legen der Landschaft entscheiden, entfällt das Aufkleben der Figuren auf das Poster. Stattdessen befestigen Sie die Figuren auf Pappaufstellern (vgl. Seite 4) und integrieren diese in die unten beschriebene Landschaft.

Material:
- Tisch
- großes, gelbes Tuch
- kleine Kissen und Tücher
- Sand
- Steine in verschiedenen Größen, Kiesel
- kleine Zweige und Moosstücke
- Bauklötze
- große Wurzel oder vorbereiteter Stall
- auf Pappaufsteller geklebte Figuren

So wird's gemacht:
- Sprechen Sie mit den Kindern darüber, wie es in dem fernen Land ausgesehen hat.
- Bauen Sie die Landschaft zusammen mit den Kindern auf: Der Tisch, auf den das Tuch als Wüstenlandschaft gelegt wird, sollte ausreichend groß sein und an einem ruhigen Platz stehen. Unter dem Tuch werden kleine Kissen oder zusammengedrückte Tücher platziert, die Berge oder Dünen darstellen; auf dem Tuch wird der Weg mit Sand markiert. Außerdem werden Steine und Moosstücke ausgelegt. In die Moosstücke lassen sich kleine Zweige stecken, die Bäume oder Sträucher darstellen. Kiesel können den Weg begrenzen. Wohnsiedlungen werden mit hellen Bauklötzen nachempfunden.
- Auf den Weg werden nach und nach alle Figuren aus den Geschichten gestellt. Richten Sie den Stall nach dem Vorlesen der vorletzten Geschichte her (vgl. Seite 51).

Sandbilder

Material:
- Innenraumsandkiste oder Sand in großem Blumentopfuntersetzer

So wird's gemacht:
- Flüstern Sie reihum jeweils einem Kind einen Gegenstand ins Ohr (z. B. Sonne, Haus, Gesicht), dessen Umrisse das Kind anschließend mit dem Finger in den Sand zeichnet.
- Die anderen Kinder raten den Begriff.

3. Dezember

Oh, du störrischer Esel!

Josef nahm das Bündel, das Maria gepackt hatte, und band es mit einem Teil seiner Sachen zusammen. Dieses Gepäck legte er über den Esel. Den Beutel mit dem Essen und der Wasserflasche trug er über der Schulter.

Endlich konnte es losgehen. Maria wollte das erste Stück des Weges zu Fuß gehen. Der Esel blickte abwechselnd Josef und Maria an, als wollte er fragen: „Wohin soll denn die Reise gehen?“

Wer möchte gern beschreiben, wie ein Esel aussieht?

Maria und Josef wollten losmarschieren, aber der Esel rührte sich nicht von der Stelle. Josef zog ein bisschen fester an dem Seil, an das er den Esel gebunden hatte. Doch der Esel blieb stur stehen.

„Oh, du störrischer Esel, warum läufst du denn nicht los?“, fragte Josef das Tier.

Der Esel tat so, als ob er gar nichts hören würde, und bewegte sich keinen Zentimeter von seinem Platz weg.

Habt ihr auch schon einmal so getan, als ob ihr nichts hört?

Wieder sagte Josef: „Sei doch nicht so stur!“

Aber es half nichts. Der Esel blieb einfach stehen.

Josef sagte zu Maria: „Ich weiß nicht, was ich tun soll. Heute früh war er auch schon so störrisch. Er trabte erst los, als ich mit ihm geschimpft und zu ihm gesagt habe: ‚Du störrischer Esel! Maria und das Baby warten doch schon auf uns!‘“

Da hatte Maria eine Idee: Sie hob das Ohr, das der Esel heruntergeklappt hatte, hoch und flüsterte leise etwas hinein. Der Esel rief plötzlich: „Iah!“, und marschierte los.

Was hat Maria ihm wohl ins Ohr geflüstert?

Josef wunderte sich sehr und fragte Maria, was sie dem Esel ins Ohr geflüstert habe.

Maria antwortete: „Ich habe ihm erzählt, dass wir nach Bethlehem gehen und dass bald unser Kind zur Welt kommt. Und ich habe ihm versprochen, dass er es nach der Geburt gleich sehen und wärmen darf.“

Da musste Josef über seinen störrischen, aber sehr schlauen Esel schmunzeln.

Die drei verließen bald die Stadt und weil der Esel nun so brav mitging, konnte Josef ihn vom Seil losbinden. Nicht nur Maria und Josef waren glücklich, dass ihre Reise jetzt begonnen hatte. Auch der Esel sah so aus, als würde er lächeln. Stolz ging er voraus.

Zusammenfassung

Der Esel wollte zu Beginn der Reise nicht loslaufen. Erst als Maria ihm ins Ohr flüsterte, dass bald ihr Kind – Jesus – geboren werden würde, machte er sich auf den Weg.

Bastelarbeit: Esel

Ochse und Esel gehören zu jeder Krippe. Der Esel ist bereits zu Beginn der Reise ein treuer Wegbegleiter von Maria und Josef, der Ochse kommt in der Geschichte vom 23. Dezember hinzu. Beide Tiere können jeweils nach dem Vorlesen gebastelt werden. Zur Bereicherung der eigenen Krippe nehmen die Kinder sie kurz vor Weihnachten mit nach Hause.

Material pro Kind:

- Schablone von Seite 58, Bleistift zum Umranden
- graues Tonpapier (DIN A4)
- Schere
- Tacker
- Buntstifte
- Stück Papier oder buntes Geschenkpapier
- Klebstoff
- schwarze oder braune Wolle

So wird's gemacht:

- DIN-A4-Tonpapier mittig falten, sodass ein DIN-A5-Bogen entsteht.
- Den Esel mithilfe der Schablone so aufzeichnen, dass die Rückenpartie oben an der gefalteten Kante liegt.
- Den Esel ausschneiden, ohne die Rückenpartie zu durchtrennen. Der Esel hat nun vier Beine.
- Die Ohren mit oder ohne Schablone auf das Tonpapier malen, ausschneiden und an den Kopf tackern, sodass gleichzeitig die beiden Kopfhälften miteinander verbunden werden. Hierbei benötigen die Kinder die Hilfe eines Erwachsenen.
- Gesicht, Zaumzeug und Hufe aufmalen.
- Die Decke auf ein gesondertes Stück Papier malen, ausschneiden, über den Rücken legen und aufkleben; alternativ aus Geschenkpapier ausschneiden.
- Die Markierung am Hinterteil des Esels durchstechen und Wollfäden so als Schwanz befestigen, dass auch die beiden Hinterteilhälften zusammenhalten.

Tipp

Erklären Sie den Kindern, dass der Esel, den sie gebastelt haben, zu einem späteren Zeitpunkt Gesellschaft von einem anderen wichtigen Krippentier bekommt. Sicher erraten die Kinder schnell, dass es sich dabei um den Ochsen handelt.

Kreisspiel: Stille Post

Die Kinder haben in der Geschichte erfahren, dass Maria den störrischen Esel durch freundliche Worte zum Weiterlaufen bewegen konnte. Nun flüstern auch sie sich Sätze zu.

So wird's gemacht:

- Im Kreis sitzend flüstert das erste Kind seinem rechten Nachbarn einen freundlichen Satz ins Ohr, z. B.: „Du kannst schön malen." Der Satz wird reihum weitergesagt, bis er beim letzten Kind angekommen ist. Dieses Kind teilt ihn anschließend allen mit.
- Ist der ursprüngliche Satz unverändert angekommen? Falls erforderlich, spricht das erste Kind den korrekten Satz noch einmal laut aus.

4. Dezember

Der kleine Spatz sucht sich den schönsten Platz

Maria, Josef und der Esel waren nun schon eine ganze Weile unterwegs. Der Weg war sehr anstrengend für Maria, denn sie hatte ja auch das Baby in ihrem Bauch zu tragen. Ihre Beine wurden von der Wanderung langsam müde.

Seid ihr auch schon einmal eine weite Strecke gelaufen oder gewandert?

Maria bat Josef: „Können wir eine Pause machen? Ich würde mich gerne ein bisschen ausruhen und etwas essen und trinken."

Josef nickte und so hielten sie am Wegrand an. Er breitete die Decke auf dem Boden aus. Maria setzte sich sogleich darauf und streckte ihre müden Beine aus. Josef nahm ein Brot aus seinem Beutel und teilte es mit Maria.

Da kam plötzlich ein kleiner Spatz angeflogen und gesellte sich zu den beiden. Er hüpfte zwischen Maria und Josef hin und her und pickte die Brotkrümel auf, die beim Teilen des Brotes heruntergefallen waren.

Habt ihr schon einmal einen Spatz gesehen? Hat der auch Krümel gegessen?

„Na, du kleiner Spatz", begrüßte Josef ihn. „Hast du auch Hunger?"

Der muntere Vogel blickte Josef an und zwitscherte laut, als ob er „Ja!" sagen wollte.

„Ich würde dir gern mehr Brot geben, aber das brauchen wir noch für den langen Weg nach Bethlehem. Dort wird unser Kind zur Welt kommen", erklärte Josef dem kleinen Vogel.

Da legte der Spatz sein Köpfchen zur Seite und schaute Maria an. Er zwitscherte ganz aufgeregt, als ob er sagen wollte: „Ich möchte auch mitkommen!"

Nachdem der Spatz die letzten Krümel von der Decke gepickt hatte, flatterte er schnell in Richtung eines Baumes davon.

Maria verabschiedete sich: „Mach es gut, kleiner Spatz", und blickte dem Vogel nach. Doch plötzlich erkannte sie, dass der Vogel gar nicht auf dem Baum landen wollte. Er flog nur eine Runde durch die Luft und kam anschließend wieder zu ihnen zurück. Mit einem fröhlichen Zwitschern setzte sich der Spatz auf den Kopf des Esels, genau zwischen seine langen Ohren.

Der Esel zuckte kurz mit dem Kopf und stellte dann seine Ohren auf, doch der kleine Spatz flog nicht davon. Er zwitscherte fröhlich weiter, als ob er sagen wollte: „Hier ist für mich der schönste Platz der Welt!"

Maria sagte zu Josef: „Anscheinend möchte der Spatz uns auf der Reise begleiten. Das ist schön!"

Und so machten sich Maria, Josef und die beiden Tiere auf den Weg.

Zusammenfassung

Ein Spatz, den Josef und Maria mit Brotkrumen fütterten, wollte mit nach Bethlehem reisen und setzte sich genau zwischen die Ohren des Esels.

Spiel: Pickt die Körner!

Dieses ruhige Kreis- und Kleingruppenspiel kann auch allein gespielt werden und fördert Konzentration, Aufmerksamkeit und Feinmotorik, ohne den Spaß zu kurz kommen zu lassen.

Material:
- Mandeln, Erbsen, Kichererbsen, Linsen
- Gläser
- flache Schalen

So wird's gemacht:
Variante 1 (für große und kleine Gruppen):
- Jedes Kind formt aus Zeigefinger und Daumen einen Schnabel.
- In der ersten Runde wird einem Kind eine Mandel zwischen Daumen und Zeigefinger gelegt. Das Kind gibt diese an sein Nachbarkind weiter usw. Ziel ist es, vorsichtig mit diesem „Korn" umzugehen und es nicht auf den Boden fallen zu lassen.
- Funktioniert die Runde mit der Mandel gut, wird das Futter kleiner: Es folgen Erbse, Kichererbse und Linse.
- Sind Handhaltung und Bewegungsablauf bekannt, können die Kinder das Picken in kleineren Gruppen üben.

Variante 2 (für einzelne Kinder):
- In einem Glas befinden sich „Körner" unterschiedlicher Größe. Das Kind transportiert diese mit Zeigefinger und Daumen in eine Schale. Anschließend werden die Körner der Art nach in verschiedene Schalen sortiert.

Rezept: Spatzenknödel

Auch die Spatzen in der eigenen Umgebung warten gespannt auf Weihnachten. Dabei sollen sie genug zu fressen bekommen!

Material:
- Pfanne
- Kokosfett
- Vogelfuttermischung aus der Tierhandlung
- Netze von Zitronen- oder Orangensäckchen
- Schnur

So wird's gemacht:
- Fett in eine Pfanne geben und bei geringer Hitze schmelzen lassen.
- Vogelfutter einstreuen, verrühren und die Masse abkühlen lassen.
- Ist die Mischung relativ fest, dürfen die Kinder die Knödel formen, in Netze geben, diese oben zubinden und die Schnur zum Aufhängen befestigen.

Tipps
- Schön ist es, wenn der Knödel draußen an einem gut sichtbaren Platz aufgehängt wird. So können die Spatzen bei der Futteraufnahme beobachtet werden.
- Vielleicht möchten die Kinder die Tiere nachzeichnen.

5. Dezember

Das seltsame Pfeifen

Maria, Josef, der Esel und der Spatz hatten schon ein Stück des Weges zurückgelegt, als sie plötzlich ein merkwürdiges Geräusch hörten.

(Pfeifen Sie mehrmals.)

„Woher mag wohl dieses seltsame Pfeifen kommen?“, fragte Josef seine Verlobte.

Sie blieben stehen und lauschten gespannt. Immer wieder hörten sie dieselben lauten Pfiffe.

(Pfeifen Sie noch einmal.) Wer von euch kann auch schon pfeifen?

„Schau mal, da vorn“, flüsterte Josef aufgeregt, „da steht etwas auf dem Weg!“

Maria und Josef staunten sehr, denn sie sahen mitten auf dem Weg ein großes, graues Tier mit riesigen Ohren und einer sehr langen Nase.

Was meint ihr? Welches Tier war das wohl?

Und wieder hörten sie die Pfiffe.

Maria sagte leise: „Das ist ja ein Elefant. Aber Elefanten pfeifen doch eigentlich nicht. Irgendetwas stimmt da nicht!“

Josef und Maria standen eine ganze Weile da und rätselten, was mit dem Elefanten los war. Er bewegte ständig seinen Kopf hin und her und gleichzeitig kamen diese Geräusche aus seinem Rüssel.

Habt ihr eine Idee, was da los war?

Plötzlich wackelte der Esel mit seinem linken Ohr und gab so dem Spatz, der noch immer zwischen seinen Ohren saß, einen kleinen Schubs. Der Spatz flog schnell zu dem Elefanten hinüber und wollte auf seinem Rüssel landen. Weil aber der Elefant seinen Kopf hin- und herbewegte, konnte der Spatz keinen Halt finden. Und so flatterte der kleine Vogel mehrere Male vor dem Elefanten auf und ab. Mit seinen Flügelschlägen wirbelte er so viel Wind auf, dass der Elefant plötzlich laut niesen musste: „Ha-ha-hatschi!“ – Viele grüne Blätter kamen aus seinem Rüssel geschossen und regneten dann langsam zu Boden. Der Spatz flog vor Schreck schnell wieder zum Esel zurück und landete auf seinem Lieblingsplatz zwischen den Ohren.

Josef und Maria mussten sehr lachen. Jetzt war ihnen klar, woher das seltsame Pfeifen gekommen war: Als der Elefant sich zum Fressen Blätter von den Bäumen genommen hatte, waren viele davon in seinem Rüssel stecken geblieben. Deshalb hatte er beim Luftholen pfeifen müssen.

Nun drehte sich der Elefant zu Maria und Josef um und nickte dabei dem Spatz zu, denn mit seiner Hilfe war es ihm gelungen, die Blätter aus seinem Rüssel hinauszupusten.

Als Maria, Josef und der Esel ein kleines Stück weitergelaufen waren, trompetete der Elefant ein freudiges „Rötö-rötö-rötööö!" und setzte sich in Bewegung.

Zusammenfassung

Auf dem Weg begegneten Maria und Josef einem Elefanten, der seltsam pfiff, weil er Blätter im Rüssel hatte. Als der Spatz vor dem Elefanten auf- und abflatterte, musste dieser kräftig niesen. Dabei pustete der Elefant alle Blätter aus seinem Rüssel heraus. Anschließend schloss er sich der Gruppe mit einem fröhlichen „Rötö-rötö-rötööö!" an.

Malübung: Schmuckdecke

Material pro Kind:

- Kopie der Vorlage von Seite 58
- Blei- und Buntstifte

So wird's gemacht:

- Die Kinder betrachten die Muster auf der Decke und zeichnen diese mit den Fingern großflächig in der Luft und dann auf den Tischen nach.
- Nun führen sie die Muster auf der Decke des Elefanten mit einem Bleistift fort. In die letzte Zeile zeichnen sie ihr eigenes Muster.
- Die Muster können farbig ausgestaltet und der Elefant grau angemalt werden. Auch den Hintergrund gestalten die Kinder farbig.

Tipp

Achten Sie auf die richtige Stifthaltung der Kinder. Wenn Sie die Kopiervorlage im Vorschulbereich einsetzen, erkennen Sie, ob die Kinder vorgegebene Formen bereits korrekt nachempfinden können. Dies ist eine wichtige Vorübung für das Erlernen der Buchstaben.

Bewegungsspiel: Die Elefantenherde

So wird's gemacht:

- Zeigen Sie den Kindern die typische Darstellung eines Elefanten: Mit den Fingern der rechten Hand das linke Ohr berühren, dann durch die entstandene Armbeuge den linken Arm als Rüssel strecken.
- Probieren Sie mit den Kindern aus, ob sie auch die Seiten wechseln können.
- Die Kinder bewegen sich im Trampelgang durch den Raum. Wenn sie einander treffen, begrüßen sie sich mit einem „Rötö-rötö-rötööö!".
- In den nächsten Runden begegnen sie sich mit einem Pfeifen, einem lauten „Hatschi!" oder einem Rüsselhandschlag.

6. Dezember

Ein nächtlicher Besucher

Es wurde dunkel. Josef und Maria waren von dem langen Fußmarsch sehr müde und suchten sich einen Platz, an dem sie die Nacht verbringen konnten. In der Nähe sahen sie mehrere Bäume, die dicht zusammenstanden und mit ihren Ästen fast ein Dach bildeten.

Josef schlug Maria vor: „Lass uns unter diesen Bäumen die Nacht verbringen. Auf dem Boden liegt trockenes Laub. Darauf mache ich uns mit der Decke ein gemütliches Nachtlager.“

Habt ihr auch schon einmal die Nacht im Freien verbracht?

Josef schob das herumliegende Laub zusammen. Dann kniete er nieder, formte mit den Händen einen kleinen Hügel und legte die Decke darüber. So hatte er für sich und Maria ein Kopfkissen aus Laub gerichtet.

Maria dankte Josef für diese weiche Unterlage und legte sich gleich hin. Nachdem Josef den Esel an einem Baum festgebunden hatte, legte er sich neben Maria auf die Decke. Der Spatz schlief zwischen den Ohren des Esels, der Elefant legte sich neben einen Baum. Vor Erschöpfung schliefen Maria, Josef und die Tiere schnell ein.

In der Morgendämmerung wachte Maria plötzlich auf, weil sie ein Geräusch gehört hatte: Es war ein Rascheln unter der Decke, auf der sie und Josef schliefen.

Wer raschelte da wohl unter der Decke im Laub?

Das Geräusch hielt Maria wach. Da sah sie, dass das Kissen neben Josefs Kopf plötzlich zusammensackte.

Durch diese Bewegung wachte auch Josef auf. Gemeinsam beobachteten sie nun einen kleinen Igel, der zwischen ihren Köpfen unter der Decke hervorkroch.

Josef flüsterte: „Da habe ich vor lauter Müdigkeit gar nicht gemerkt, dass in unserem Kissen aus Laub noch ein nächtlicher Besucher steckte.“

Weil beide nun hellwach waren, beschlossen sie, schon vor Sonnenaufgang ein Stück ihres Weges zurückzulegen. Als Josef die Decke zusammenlegte, rollte sich der Igel zu einer Kugel zusammen und blieb regungslos liegen.

Wisst ihr, warum Igel das tun?

Maria sagte zu Josef: „Lass uns losgehen, damit der Igel nicht mehr glaubt, er sei in Gefahr.“

Aber bald löste sich der Igel aus seiner Starre und folgte ihnen. Darüber freuten sich alle sehr.

Zusammenfassung
In der Nacht schliefen Maria und Josef auf einem Kissen aus Laub. Maria wachte von einem Rascheln auf und sah zusammen mit Josef einen Igel aus dem Laub kriechen. Am Morgen folgte der Igel ihnen auf ihrer Reise nach Bethlehem.

Lied: Esel, Spatz und Elefant

Nach dem Vorlesen der Geschichte können Sie das Lied von Seite 5 einführen, das von nun an den Adventskreis eröffnen kann.

Rezept: Süße Igel

Zutaten pro Kind:
- eine halbe Dosenbirne
- ca. 20 Mandelstifte
- Kuvertüre

So wird's gemacht:
- Die Dosenbirne mit der Schnittfläche nach unten auf einen Teller legen.
- Die Mandelstifte zu einem Drittel hineinstecken, schmales Ende der Birne freilassen.
- Kuvertüre im Wasserbad bei 30 bis 32 C° schmelzen.
- Birnenigel mit flüssiger Schokolade überziehen.

Bastelarbeit: Igel

Material pro Kind:
- Schablone von Seite 59, Bleistift zum Umranden
- braunes Tonpapier
- Schere
- Klebstoff
- Pappkartonstücke
- schwarze Finger- oder Plakafarbe
- Buntstifte
- großes Stück von einer Tapetenrolle
- nach Wunsch: gepresstes Laub

So wird's gemacht:
- Den Igel mithilfe der Schablone auf braunes Tonpapier übertragen und ausschneiden.
- Den Fuß viermal übertragen, ausschneiden und ankleben. (Kann bei Gruppen mit jüngeren Kindern beim Kopieren abgedeckt und weggelassen werden.)
- Kleine Pappkartonstücke in schwarze Finger- oder Plakafarbe tauchen und damit die Stacheln drucken. Die Gesichtspartie frei lassen.
- Das Gesicht aufmalen.
- Entweder auf die Rückseite eines ausreichend großen Tapetenstücks einen gepressten Blätterhaufen kleben und anschließend darauf die Igel befestigen oder die Igel zuerst aufkleben und die Kinder eine Landschaft außen herum zeichnen lassen.

Tipp
Achten Sie darauf, dass ca. die Hälfte der Kinder Igel gestaltet, die nach links schauen, und die andere Hälfte Igel, die nach rechts schauen.

7. Dezember

Der treue Begleiter

Als Maria und Josef mit den Tieren weitermarschierten, lief neben ihnen plötzlich ein Hund her. Er rannte immer wieder ein bisschen voraus, wartete im Sitzen ab, bis die Reisenden ihn erreicht hatten, und sprang dann wieder vor ihnen her.

So ging das eine ganze Weile. Maria und Josef fanden es sehr lustig, dass der Hund immer auf sie wartete.

Als Maria und Josef stehen blieben, setzte sich der Hund neben die beiden und schaute sie mit großen Augen an. Er begann freudig mit dem Schwanz zu wedeln. Dann schnupperte er an Josefs Beutel.

Warum hat er das wohl gemacht?

Maria sagte zu Josef: „Der Hund hat bestimmt Hunger oder ist sehr durstig. Er lässt seine Zunge weit heraushängen."

Josef öffnete den Beutel, um für den Hund Futter zu suchen. Er fand ein kleines Stück getrocknetes Fleisch und warf es dem Hund hin.

Der Hund freute sich sehr über das Futter und aß es schmatzend auf. Satt und zufrieden hob er eine Pfote hoch, als ob er Josef die Hand reichen und „Danke schön" sagen wollte.

Das fand Maria sehr lustig. Auch Josef musste lächeln und streckte dem Hund seine Hand entgegen. Und tatsächlich: Der Hund legte seine Pfote sogleich in Josefs Hand!

Kennt ihr auch einen Hund, der so etwas kann?

Dann formte Josef seine linke Hand zu einer kleinen Schale, goss mit der rechten Hand etwas Wasser aus seiner Flasche hinein und hielt die Hand unter die Schnauze des Hundes. Dieser schlapperte mit seiner Zunge jeden Tropfen bedächtig auf, bedankte sich anschließend mit einem freudigen „Wau, wau!" und reichte Josef noch einmal die Pfote.

Josef wollte sich nun von dem Hund verabschieden: „Auf Wiedersehen, kleiner Hund. Wir müssen jetzt weiter nach Bethlehem, weil unser Kind bald auf die Welt kommen wird."

Der Hund bellte dreimal und rannte dann wieder voraus. Als er sitzen blieb und auf Josef, Maria und die anderen Tiere wartete, merkten sie, dass auch er sie nach Betlehem begleiten wollte.

Zusammenfassung

Ein hungriger Hund begleitete Maria und Josef auf ihrem Weg. Sie gaben ihm getrocknetes Fleisch und Wasser. Zum Dank legte der Hund seine Pfote in Josefs Hand. Und natürlich kam auch er mit nach Bethlehem.

Fangspiel: Hund und Hütte

So wird's gemacht:
- In der Turnhalle oder auf dem Außengelände spielen zwei bis drei Kinder die Fänger, während die anderen Kinder frei herumlaufen.
- Schlägt ein Fänger ein Kind ab, wird dieses zur Hundehütte: Es muss breitbeinig stehen bleiben.
- Das abgeschlagene Kind wird wieder befreit, indem ein beliebiges Kind als Hund durch die Hütte, also durch seine Beine krabbelt.
- Lassen Sie die Kinder mehrere Runden spielen, wobei die Fänger wechseln.

Richtiger Umgang mit fremden Hunden

Sprechen Sie mit den Kindern über den Hund in der Geschichte und lassen Sie sie fabulieren, was er alles anstellen könnte. Vielleicht besitzen einige Kinder auch einen eigenen Hund und können von ihm berichten.

Um den Kindern deutlich zu machen, wie wichtig ein richtiger Umgang mit Hunden ist, können Sie die folgenden Informationen verwenden.

- Zuerst muss der Besitzer gefragt werden, ob der Hund gestreichelt werden darf. Wird dies abgelehnt, so muss das Kind die Entscheidung akzeptieren. Ist der Besitzer nicht in der Nähe, sollte vorsichtshalber kein Kontakt mit dem Hund aufgenommen werden.
- Wenn der Besitzer das Streicheln des Hundes erlaubt, sollte das Kind dem Tier zunächst seine Hand entgegenstrecken. Nachdem der Hund die Hand beschnüffelt hat, kann das Kind ihm über den Kopf streicheln. Auch mögen es viele Hunde, hinter den Ohren gekrault zu werden. Berührt man einen Hund, so sollte er immer die Bewegungen des Menschen sehen können.
- Es ist wichtig, sich dem Hund von vorn zu nähern. Ansonsten könnte er erschrecken, sich rasch umdrehen und damit wiederum das Kind erschrecken.
- Kinder, die Angst vor Hunden haben, bewegen sich häufig hektisch, wodurch sie die Aufmerksamkeit des Hundes direkt auf sich lenken. Um dies zu vermeiden, sollte man sich ruhig wegdrehen und dem Hund nicht in die Augen sehen.
- Wenn ein Hund sich schnell auf ein Kind zubewegt, ist es unbedingt zu vermeiden, laut aufzuschreien und wegzulaufen, da auf diese Weise der Jagdinstinkt des Tieres geweckt wird. Am besten bleibt das Kind stattdessen möglichst ruhig stehen. Sollte es trotzdem weglaufen und hinfallen, ist es ratsam, liegen zu bleiben und die Arme schützend um den Hals zu legen, bis Hilfe kommt oder der Hund wegläuft.

Tipps
- Vielerorts gibt es Hundeschulen, die in der Regel gern lehrreiche Besuche veranstalten. Dabei werden mit den Kindern richtige Verhaltensweisen im Umgang mit Hunden eingeübt.
- Auch der Verband für das Deutsche Hundewesen (VDH) organisiert bundesweit Besuche von ausgewählten Hunden in Kindertageseinrichtungen und Schulen *(www.vdh.de)*.

8. Dezember

So ein Geplapper!

Unter einem Baum breiteten Maria und Josef ihre Decke aus, um eine kleine Rast zu machen. Josef ging zum Esel, der etwas abseits stand und graste. Er wollte das Säckchen mit dem Brot und der Wasserflasche holen, das der Esel an diesem Tag auf seinem Rücken trug.

Da Josef die Flasche nicht finden konnte, rief er seine Verlobte: „Maria!“

Maria, die sich gerade auf die Decke gesetzt hatte, hörte Josefs Ruf – und anschließend noch dreimal: „MA-RI-A, MA-RI-A, MA-RI-A!“

„Ich komme ja schon, du musst nicht so oft rufen, Josef“, antwortete Maria – und kurz darauf hörten beide eine andere Stimme, die „JO-SEF, JO-SEF, JO-SEF!“ rief. Maria und Josef sahen sich verwundert an.

Habt ihr eine Idee, wer da gerufen haben könnte?

Während sie darüber nachdachten, woher die Stimme gekommen war, war es wieder ganz still um sie herum geworden. Schließlich fand Maria die Wasserflasche aus gebranntem Ton.

Als sie mit Josef zur Decke zurücklief, meinte sie: „Vielleicht war das Geräusch ein Echo.“

Fast im gleichen Moment hörten sie: „E-CHO, E-CHO, E-CHO!“

Wer von euch weiß, was ein Echo ist?

Josef blickte nach oben in den Baum, wo die Rufe hergekommen waren. Dort entdeckte er auf einem Ast einen Vogel mit bunten Federn, der lustig herunterblinzelte.

„Da sitzt ja ein Papagei!“, rief Josef aufgeregt und deutete mit seinem Finger hinauf.

„Was für ein wunderschöner Vogel!“, staunte Maria – und gleich darauf hörten sie: „VO-GEL, VO-GEL, VO-GEL!“

Josef musste lachen: „Der plappert uns ja alles nach, Maria!“ Und sofort erschallte wieder die Stimme des bunten Tieres.

Was meint ihr, was er sagte?

„MA-RI-A, MA-RI-A, MA-RI-A!“, klang es wieder von dem Ast herunter.

Maria und Josef fanden die Redekünste des Papageis ganz wunderbar und sprachen ihm weitere Wörter vor:

„Papagei.“ – Der Vogel antwortete mit „PA-PA-GEI, PA-PA-GEI, PA-PA-GEI!“

„Bethlehem.“ – „BETH-LE-HEM, BETH-LE-HEM, BETH-LE-HEM!“

Als der Esel sich zwischendurch mit einem „Iah!“ meldete, antwortete der Papagei ebenfalls mit: „I-AH, I-AH, I-AH!“

Maria und Josef mussten sehr lachen über den schlauen Papagei. Als sie aufbrachen, sagte Josef: „Ich könnte mir noch stundenlang dieses Geplapper anhören. Schade, dass wir weiterlaufen müssen."

Da aber auch der Papagei sich dazu entschloss, mit Maria und Josef nach Bethlehem zu gehen, hatten sie während ihrer Reise noch viel Spaß mit dem bunten Vogel.

Zusammenfassung

Josef und Maria hörten eine Stimme, die ständig wiederholte, was sie sagten. Wenig später entdeckten sie, wer da sprach: ein Papagei. Sie freuten sich über diese lustige Abwechslung und der Papagei flatterte ihnen hinterher.

Rhythmisches Sprechen

Wie der Papagei, den Maria und Josef treffen, sprechen nun auch die Kinder in Silben. Mit Bewegungen, die den Sprechrhythmus begleiten, macht es noch mehr Spaß!

So wird's gemacht:

- Die Kinder sprechen gemeinsam die folgenden Verse und führen in jeder Zeile die unten beschriebenen Bewegungen aus.

Der Pa-pa-gei,
der Pa-pa-gei,
der spricht so ger-
ne vie-ler-lei.
So mach jetzt mit,
das wird ein Hit!

- Bei der 1. Silbe auf die Oberschenkel klatschen.
- Bei der 2. Silbe in die Hände klatschen.
- Bei der 3. Silbe mit dem rechten Daumen über die rechte Schulter deuten.
- Bei der 4. Silbe mit dem linken Daumen über die linke Schulter deuten.
- Die beiden Daumeneinsätze können auch durch Klatschen in die Hände ersetzt werden.

Bastelarbeit: Papageienbaum

Material:

- Tiersachbücher oder farbige Internetausdrucke mit Papageien
- Blei- und Buntstifte
- Papier oder Tonpapier
- Schere
- verschiedenfarbige Tonpapierreste
- Klebstoff
- mehrere Bogen helles Tonpapier

So wird's gemacht:

- Mithilfe der Tiersachbücher oder Internetausdrucke zeichnen die Kinder selbstständig Papageienumrisse auf Tonpapier oder Papier, schneiden diese aus und bekleben sie mit verschiedenfarbigen Tonpapierresten oder bemalen sie.
- Je nachdem, wie groß die entstandenen Papageien sind, werden mehrere Bogen Tonpapier als Hintergrund zusammengeklebt.
- Aus grünen und braunen Tonpapierresten wird ein Baum aufgeklebt, auf dem anschließend die Papageien befestigt werden.
- Der Hintergrund wird landschaftlich gestaltet.

9. Dezember

Der lange Schatten

Maria und Josef machten sich wieder auf den Weg. Neben dem Weg standen einige Bäume, die ihnen ein bisschen Schatten spendeten. Die Sonne stand aber schon sehr hoch am Himmel und blitzte immer wieder durch die Äste. Es war sehr heiß.

Auf einmal raschelte etwas in den Blättern des Baumes, unter dem Maria und Josef gerade entlangliefen. Sie blieben stehen, blickten nach oben und konnten, weil sie von der Sonne geblendet wurden, nur undeutlich etwas sehr Langes erkennen. Es schien zu einem Tier zu gehören.

Habt ihr eine Idee, was sie gesehen haben könnten?

Dieses lange Ding bewegte sich ein wenig und wieder raschelten die Blätter. Dabei machte es: „Schnapp, schnapp, schnapp!“, und dann hörte man ein lautes Schmatzen.

Maria flüsterte Josef ins Ohr: „Ich glaube, das ist eine Giraffe, die Blätter von den Bäumen frisst.“

Wer kann eine Giraffe ganz genau beschreiben?

Maria und Josef beobachteten eine Weile, wie die Giraffe viele Blätter fraß.

Dann sagte Josef zu Maria: „Komm, lass uns noch ein Stück gehen. Der Weg bis Bethlehem ist noch sehr weit!“

Maria stöhnte, weil ihr heiß war. „Ach Josef, wenn der Weg doch etwas schattiger wäre und die Sonne uns nicht so ins Gesicht brennen würde, dann wäre die Reise nicht so schwer für mich.“

Ist euch auch schon einmal in der Sonne sehr heiß gewesen? – Was habt ihr dagegen unternommen?

Als hätte die Giraffe Marias Worte gehört, stellte sie sich so hin, dass Maria und Josef sich genau in ihrem langen Schatten befanden.

Und als sie weitermarschierten, ging die Giraffe neben ihnen her. Der lange Schatten, den sie mit ihrem Hals warf, begleitete Maria und Josef, sodass sie trotz der heißen Sonne gut vorankamen.

Zusammenfassung

Josef und Maria begegneten auf ihrem Weg einer Giraffe. Diese lief neben ihnen her und spendete ihnen zum Schutz vor der brennenden Sonne Schatten.

Schattenmemory

Material:
- Kopie der Vorlage von Seite 60
- Klebstoff
- Karton
- Schere
- nach Wunsch: Folie zum Laminieren, Buntstifte

So wird's gemacht:
- Kleben Sie den Bogen mit den Spielkarten auf Karton und schneiden Sie die Karten aus.
- Zeigen Sie den Kindern nach und nach die ausgeschnittenen Schattenbilder. Lassen Sie sie raten, welche Gegenstände und Tiere darauf abgebildet sind.
- Wenn die Kinder die jeweilige Abbildung erkannt haben, legen Sie die dazugehörige normale Karte daneben.
- Wurden alle Motive erkannt und als Paar hingelegt, kann das Spiel beginnen. Die Regeln folgen dem gängigen Memory.

Tipps
- Alle Karten können vergrößert kopiert werden.
- Die normalen Karten können von den Kindern – vor dem Laminieren – bunt ausgemalt werden.

Spiel mit dem Tageslichtprojektor

Material:
- Tageslichtprojektor
- kleine Alltagsgegenstände mit markanten Umrissen

So wird's gemacht:
- Um ein Kim-Spiel durchzuführen, legen Sie mehrere Gegenstände auf den Projektor, geben den Kindern Zeit zum Einprägen und blenden Sie anschließend das Licht kurz aus, um einen oder mehrere Gegenstände zu entfernen. Bei eingeschaltetem Licht zählen die Kinder die fehlenden Gegenstände auf.

Spiel mit dem Schuhschachtelprojektor

Material:
- Schuhschachtel
- Schere
- dünner, heller Stoff
- Tacker
- Steh- oder Tischlampe
- kleine Alltagsgegenstände mit markanten Umrissen

So wird's gemacht:
Herstellung des Projektors:
- Schneiden Sie den Boden der Schuhschachtel aus und ersetzen Sie ihn durch hellen, dünnen Stoff, den Sie ringsherum spannen und an den Seitenwänden festtackern.
- Stellen Sie die Schuhschachtel mit der Stoffseite zu den Zuschauern auf und richten Sie die Lampe von hinten auf die Schuhschachtel.

Spiel:
- Halten Sie die Gegenstände zwischen Lichtquelle und Stoff und probieren Sie aus, bei welchem Abstand der Gegenstand für die Zuschauer scharf umrissen erscheint. Lassen Sie die Kinder raten, worum es sich handelt.

Tipp
Vor allem in Kindergärten und Schulen mit vielen nicht deutschsprachigen Kindern eignen sich diese Übungen zur Begriffsbildung.

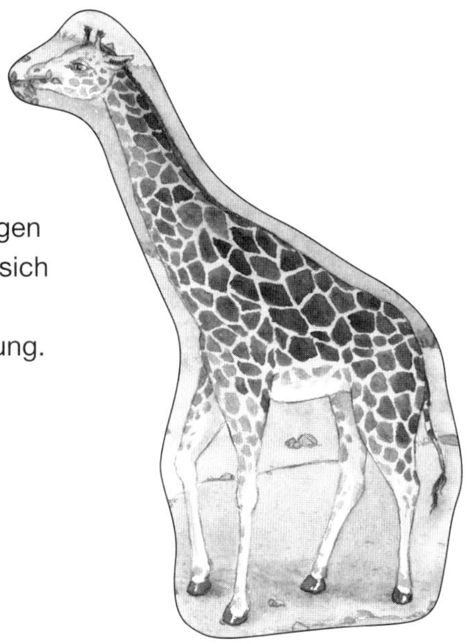

10. Dezember

Hin und her

Ein langes Stück Weg lag noch vor Maria, Josef und den Tieren. Josef führte den Esel behutsam am Seil. Auf dem Rücken des Esels saß Maria und ruhte sich aus.

Um nicht an den beschwerlichen Fußmarsch zu denken, unterhielten sie sich über die aufregenden Begegnungen mit den Tieren.

Könnt ihr euch noch an einige Erlebnisse erinnern?

Während Maria und Josef miteinander sprachen, saß der kleine Spatz auf seinem Lieblingsplatz zwischen den Ohren des Esels und hörte gespannt zu. Auf Josefs Schulter hatte es sich der Papagei bequem gemacht. Er wiederholte fröhlich einige Wörter.

Da sah Maria plötzlich etwas über den Weg huschen. „Josef!“, rief sie. „Hast du das gesehen? Dort hat sich etwas ganz schnell bewegt!“

Doch Josef, der gerade an das Erlebnis mit dem Elefanten gedacht hatte, erwiderte: „Ach, ich habe gar nichts bemerkt.“

Als sie wieder einige Schritte gegangen waren, rief Maria noch einmal: „Da war es schon wieder! Jetzt ist es auf die andere Seite gehuscht.“

Habt ihr eine Idee, welches Tier das gewesen sein könnte?

Josef hatte das Tier wieder nicht gesehen. Deshalb machte er seine Augen ganz weit auf und entdeckte nach kurzer Zeit das kleine Wesen, das jetzt auf dem Weg saß. Aber als sie näher an das kleine Tier herangekommen waren, sprang es wieder auf und rannte zum Wegrand. Dort scharrte es mit seinen Pfoten in der lockeren Erde. Dann hüpfte es weiter.

Josef fragte Maria: „Was ist das nur für ein Tier? Es ist braun und hat einen ganz buschigen Schwanz.“

Wer von euch kennt so ein kleines, braunes Tier?

Als Josef und Maria wieder näher an das Tier herangekommen waren, konnte Maria es endlich erkennen: „Es ist ein Eichhörnchen!“, rief sie entzückt.

Noch einmal huschte es vor ihnen über den Weg und blieb dann am Wegrand sitzen. Maria, Josef und die Tiere gingen langsam und leise auf das Eichhörnchen zu und beobachteten es.

Es grub mit seinen Pfoten ein kleines Loch in den Boden und holte eine Nuss aus der Erde. Dann hüpfte es weiter.

Woher wusste das Eichhörnchen, dass dort eine Nuss im Boden versteckt war?

Maria erklärte Josef: „Alle Eichhörnchen vergraben im Boden Vorräte für die Jahreszeit, in der sie in der Natur nichts mehr finden können. Und dann graben sie sie wieder aus und ernähren sich davon."

„Es ist wunderbar", antwortete Josef, „dass dieses Eichhörnchen all seine Vorräte wiederfindet!"

Das Eichhörnchen freute sich sehr über die Gesellschaft, die es durch Maria, Josef und die Tiere bekommen hatte. Nachdem es seine Nuss verspeist hatte, lief es aufgeregt vor ihnen her.

Zusammenfassung

Vor Josef und Maria huschte ein Tier hin und her. Sie folgten ihm voller Neugier und erkannten bald, dass es ein Eichhörnchen war, das seine Vorräte ausgrub. Das Eichhörnchen hüpfte weiterhin munter vor ihnen her.

Spiel: Nüsse suchen

Material:

- große Schale
- sechs Nüsse (z. B. Hasel- und Walnüsse) pro Kind
- ruhige Musik
- Nussknacker

So wird's gemacht:

- Bieten Sie jedem Kind aus einer großen Schale sechs Nüsse an.
- Als „Eichhörnchen" versteckt jedes Kind seine sechs Nüsse im Raum; jeweils zwei an einem Ort.
- Die Kinder suchen sich einen bequemen Platz und halten Winterruhe, während die Musik läuft.
- Schalten Sie die Musik aus. Die Kinder wachen auf.
- Sie strecken sich ausführlich und beginnen dann, jeweils eines ihrer drei Verstecke zu suchen.
- Die Kinder spielen pantomimisch, dass sie die beiden gefundenen Nüsse verspeisen und legen sie dann zurück in die große Schale.
- Die Musik setzt wieder ein und es werden zwei weitere Runden gespielt, bis jedes Eichhörnchen alle Nüsse gefunden hat.
- Die in der Schale gesammelten Nüsse werden nun gemeinsam geknackt und aufgegessen.

Eichhörnchen-Bildkarten

Material:

- Kopie der Vorlage von Seite 61
- Schere
- Klebstoff
- Tonpapier
- Buntstifte

So wird's gemacht:

- Schneiden Sie die kopierten und nach Wunsch vergrößerten Bildkarten aus. Ein Vierersatz ist für die anschließende Gesprächsrunde gedacht. Weitere Einzelkopien können die Kinder später ausmalen.
- Setzen Sie sich mit den Kindern in einen Kreis und lassen Sie sie darüber berichten, was sie bereits über Eichhörnchen wissen. Die Geschichte ist hierbei ein guter Anknüpfungspunkt.
- Zeigen Sie den Kindern nacheinander die vier Bildkarten und lassen Sie sie beschreiben, was darauf abgebildet ist.
- Kleben Sie die vier Bildkarten auf ein Stück Tonpapier und hängen Sie es im Raum auf.
- Die Kinder suchen sich von den übrigen Kopien jeweils eine aus und malen ihr Lieblingsbild aus.

11. Dezember

Husch, husch!

Maria war erschöpft und wollte eine Pause machen. Also blieben sie an einem Baum stehen und Josef nahm die Decke vom Esel, um sie für Maria auf dem Boden auszubreiten. Maria war froh, dass sie sich ausruhen konnte. Josef setzte sich neben sie, sodass sie sich bequem an ihn lehnen konnte.

„Streck doch deine Beine ein bisschen aus“, sagte Josef. „Dann können sie sich erholen.“

Hattet ihr auch schon einmal müde Beine?

Es tat den beiden gut, etwas zu ruhen. Maria schlief in Josefs Armen ein. Nach einer kurzen Weile fielen auch ihm die Augen zu.

Plötzlich kitzelte etwas an Josefs Füßen. Als er die Augen aufschlug, erschrak er ein wenig, weil er neben seinem linken Fuß eine klitzekleine Maus entdeckte. Mit der Maus auf der Decke wollte er nicht weiterschlafen.

Habt ihr schon einmal eine Maus gesehen? – Seid ihr auch erschrocken?

Josef wackelte vorsichtig mit seinen Zehen, um die Maus von der Decke zu verscheuchen. Die Maus aber bewegte sich nicht von der Stelle. Mit ihren kleinen, vorwitzigen Augen betrachtete sie die schlafende Maria. Josef wackelte noch einmal vorsichtig mit seiner Fußspitze. Er wollte Maria nicht aufwecken. Doch die Maus blieb ruhig sitzen.

Da flüsterte Josef leise: „Husch, husch!“, und wedelte mit den Händen.

Auch das brachte die Maus nicht dazu, von der Decke wegzugehen.

In diesem Moment drehte sich Maria im Schlaf um und bewegte dabei ihre Beine zur Seite. Da huschte die Maus von der Decke und verschwand in einem Mauseloch am Wegrand.

Als Maria aufwachte, lächelte sie Josef an und sagte: „Ich habe sehr gut geschlafen! Wir können wieder ein Stück weitergehen.“

Josef war froh und half Maria beim Aufstehen. Er legte die Decke zusammen und schnallte das Bündel wieder auf dem Rücken des Esels fest. Der Esel wieherte, als wollte er sagen: „Los geht's!“ Deshalb konnte Josef das Piepsen nicht hören, das aus einer Falte der Decke kam.

Was meint ihr, wer da wohl gepiepst hat?

Als sie losliefen, guckte ein kleines Mäuseschnäuzchen lustig unter dem Deckenbündel auf dem Rücken des Esels hervor. Nachdem sich die Maus dort ein wenig ausgeruht hatte, sprang sie auf den Weg und lief stolz neben den anderen Tieren her.

Zusammenfassung

Während einer Pause gesellte sich eine Maus zu Maria und Josef auf die Decke. Als Josef schließlich die Decke einpackte und wieder auf dem Rücken des Esels befestigte, bemerkte er nicht, dass er auch die Maus eingepackt hatte. Das Tier ruhte sich zuerst in seinem Versteck aus, dann lief es stolz neben den anderen Tieren her.

Paarspiel: Mausmassage

Kleine Mäuse machen sich auf den Weg, um mit ihren Füßchen den Kindern eine liebevolle Rückenmassage zu geben.

Material pro Kind:
- Decke

So wird's gemacht:
- Die Kinder bilden Paare.
- Jeweils ein Kind liegt mit dem Bauch auf einer Decke, der Partner kniet neben ihm und führt die von Ihnen angeleiteten Bewegungen auf dem Rücken des liegenden Kindes aus.
- Die Bewegungen werden mit einem Zeigefinger ausgeführt, wenn nichts anderes angegeben ist.
- Sie sprechen und machen vor:
  - Ein Mäuschen kommt angelaufen (auf den Rücken tupfen).
  - Es läuft viele Kreise (kleine Kreise beschreiben).
  - Es muss sich genau umschauen (große Kreisbewegung).
  - Das Mäuschen kriecht neugierig überall hin (schlängelnde Bewegungen).
  - Dann hüpft es hoch, um alles zu sehen (Zeigefinger und Daumen „zwicken" liebevoll den Rücken).
  - Es rennt ganz schnell (Zickzackbewegungen).
  - Und plötzlich findet es noch viele andere Mäuschen (beidhändige Zickzackbewegungen).
  - Die Mäuschen tippeln und trappeln (alle zehn Finger krabbeln über den Rücken).
  - Aber langsam werden sie müde (Finger krabbeln immer langsamer).
  - Und schließlich schlafen sie ein (Fingerkuppen bleiben ruhig auf dem Rücken liegen).
- Nun wechseln die Partner ihre Rollen.

Mausplastik

Material pro Kind:
- Bastelunterlage
- Ton (muss nicht gebrannt werden), Modellier- oder einfache Knetmasse
- Holzstäbchen
- ca. 10 cm langes Stück Wolle oder Schnur

So wird's gemacht:
- Bastelunterlagen verteilen.
- Aus dem Ton eine maximal handflächengroße Kugel formen.
- Diese auf der Unterlage durch Rollen und etwas Druck an einer Seite zuspitzen.
- In die so entstandene Schnauze mit dem Holzstäbchen zwei Mulden drücken, die die Augen darstellen.
- Zwei kleine Kugeln formen, platt drücken und als Ohren ansetzen.
- Das dicke Ende der Maus leicht auf den Tisch drücken, sodass die Maus sicher sitzen bleibt.
- Den Faden am dicken Ende der Maus als Schwanz eindrücken.
- Die Maus aushärten lassen.

Tipp

Nach dem Aushärten kann die Maus als kleines Weihnachtsgeschenk mit nach Hause genommen werden und die dortige Krippe bereichern.

12. Dezember

Kaum zu sehen

Maria und Josef kamen an einem kleinen Bach vorbei. Josef schlug Maria vor, dort eine kurze Pause zu machen. Maria stieg mit seiner Hilfe vom Esel ab und lief sofort zum Bach.

Mit beiden Händen nahm sie das kühle Wasser auf und erfrischte damit ihr Gesicht. „Oh, das tut so gut!“, rief sie.

Josef führte den Esel auch an den Bach. Das Tier begann sogleich Wasser zu schlürfen und auch Josef bespritzte sein Gesicht mit Wasser.

Wer von euch hat sich auch schon einmal an einem Bach mit Wasser erfrischt?

Nach dieser Erfrischung schüttelte Josef seinen Kopf hin und her, wobei er seine Augen geschlossen hielt. Als er seine Augen wieder öffnete, spürte er plötzlich, dass ihn jemand beobachtete. Er schaute sich vorsichtig um und bemerkte neben einem großen Stein am Wegrand ein Augenpaar. Beide Augen blickten in unterschiedliche Richtungen. Josef erschrak zuerst, doch als er sich die Augen genauer ansah, stellte er fest, dass sie zu einem kleinen Tier gehörten.

Kennt ihr ein Tier, das mit seinen Augen in verschiedene Richtungen schauen kann?

Josef hatte das Tier zuerst fast nicht bemerkt, weil die Farbe seiner Haut wie der sandige Boden aussah. Er flüsterte Maria zu: „Schau mal, Maria. Dort sitzt ein kleines Tier, das uns ganz genau beobachtet.“

Auch Maria konnte das Tier kaum erkennen, doch sie sah die beiden Augen, die in unterschiedliche Richtungen starrten. Plötzlich lief das Tier schnell in Richtung Wiese davon. Maria und Josef konnten es nicht mehr sehen.

Josef meinte: „Es muss noch hier im Gras sitzen, es kann doch nicht verschwunden sein!“

Maria blickte über die ganze Wiese und entdeckte nun wieder die beiden Augen: „Da, Josef, da sitzt das Tier. Es hat aber plötzlich eine andere Farbe bekommen! Es sieht jetzt so grün wie das Gras aus.“

Habt ihr schon einmal von einem Tier gehört, das seine Farbe ändert? – Warum ändert es seine Farbe?

Da entdeckte auch Josef das Tier: „Es muss ein Chamäleon sein. Chamäleons können ihre Farbe verändern und sich ihrer Umgebung anpassen, damit sie von Feinden nicht so schnell erkannt werden.“

Maria staunte sehr über die Verwandlungskünste des Tieres.

Vom Wasser erfrischt machten sich Maria und Josef wieder auf den Weg. Doch sie bemerkten nicht, dass ihnen das Chamäleon folgte. Es hatte die Farbe des Weges angenommen.

Zusammenfassung

Während einer Rast begegneten Maria und Josef einem Chamäleon, das kaum zu sehen war, weil es seine Farbe an die Umgebung anpasste. Sie bewunderten seine Anpassungsfähigkeit sehr und bemerkten nicht, dass auch das Chamäleon ihnen folgte.

Kleine Chamäleonkunde

Chamäleons sind wahrscheinlich nicht jedem Kind bekannt. Im Internet finden Sie unter anderem auf dieser Seite Bilder von verschiedenen Arten, die Sie für die Kinder ausdrucken können *(http://www.kindernetz.de/oli/tierlexikon)*.

Vielleicht können einige Kinder bereits etwas über Chamäleons berichten. Nach einer kleinen Gesprächsrunde können Sie das Wissen der Kinder erweitern.

Das Chamäleon

- Es stammt ursprünglich aus Afrika, lebt vor allem auf Bäumen und ernährt sich von Insekten und anderen Kleintieren.
- Mit seiner Schleuderzunge, die es wie ein Stück Gummi hervorschnellen lässt, fängt das Chamäleon seine Beute. Seine Zunge ist vorn verdickt und hat zwei Lappen, die das Opfer umschließen.
- Das Chamäleon kann seine Augen unabhängig voneinander bewegen. Wenn es eine Beute schnappen will, richtet es beide Augen darauf.
- Farbänderungen dienen nicht in erster Linie der Tarnung, sondern der Verständigung mit Artgenossen. Zur Balz zeigt das Chamäleon häufig ein auffallendes Muster.

Bastelarbeit: Mein verstecktes Chamäleon

Material pro Kind:

- Farbausdrucke (s. „Kleine Chamäleonkunde“)
- Blei- und Buntstifte
- Geschenkpapier (DIN A4)
- Schere
- Klebstoff
- weißes Papier (DIN A4)

So wird's gemacht:

- Jedes Kind betrachtet sein Lieblingschamäleon auf einem der Farbausdrucke ganz genau und überträgt mit Bleistift die Umrisse des Tieres auf sein Geschenkpapier.
- Das Chamäleon wird ausgeschnitten und auf das weiße Papier geklebt.
- Mit Buntstiften führt jedes Kind das Muster des Chamäleons auf dem weißen Papier fort.

Tipps

- Besonders geeignet sind Papiere mit Streifen oder einfachen Mustern.
- Es fällt den Kindern leichter, die Umrisse ihrer Chamäleons auf die weiße Rückseite des Geschenkpapiers zu malen.

13. Dezember

Kleine Wunder

Auf ihrem Weg nach Bethlehem unterhielten sich Maria und Josef über die schönen Erlebnisse, die sie während ihrer Reise mit den verschiedenen Tieren gehabt hatten. Maria meinte: „Ist es nicht wunderbar, wie einzigartig jedes Lebewesen ist?“

Josef stimmte ihr zu: „Ja, jeder Mensch und jedes Tier ist ein kleines Wunder!“

Und beide freuten sich schon sehr auf die Geburt ihres Kindes, die bald bevorstehen sollte.

Josef, der am Rand des Weges lief, blieb plötzlich stehen und flüsterte Maria zu: „Schau mal, da bewegt sich etwas im Sand.“

Maria bekam ein bisschen Angst und fragte: „Ist das etwa eine Schlange?“

Doch da guckte plötzlich ein kleiner Kopf aus dem Sand hervor. Nachdem sich das Tier kurz umgesehen hatte, kroch es auf seinen vier Beinchen aus dem Sandloch heraus. Auf seinem Rücken trug es etwas, das wie eine kleine, umgestülpte Schale aussah.

Welches Tier könnte das gewesen sein?

Josef erkannte nun das Tier und sagte: „Oh! Das ist eine ganz kleine Schildkröte. Sie ist bestimmt gerade aus einem Ei geschlüpft, das von der Mutter vorher im Sand vergraben wurde.“

Als die kleine Schildkröte sich im nahe gelegenen hohen Gras versteckt hatte, bewegte sich schon wieder etwas im Sand. Josef und Maria waren ganz still und beobachteten, wie sich erneut ein kleines Köpfchen aus dem Sand streckte. Und schon kamen auch die vier Beine und der Panzer zum Vorschein.

Wisst ihr, was ein Panzer von einer Schildkröte ist? Wie sieht er aus?

Die zweite kleine Schildkröte krabbelte mit ihrem schönen schützenden Haus – dem Panzer – ebenfalls ins Gras.

Maria staunte: „Wie vollkommen diese kleinen Schildkröten sind! Obwohl sie noch so winzig sind, können sie schon laufen!“

Dann sahen die beiden zu, wie noch eine dritte Schildkröte aus ihrem Ei im Sand schlüpfte und zu ihren Geschwistern hinter die hohen Grasbüschel lief.

Josef und Maria traten vorsichtig an die Stelle, wo sich die Schildkröten versteckt hatten. Maria drückte die Halme etwas zur Seite und schaute sich gemeinsam mit Josef noch einmal die drei kleinen Lebewesen an. Dabei entdeckten sie auch die Mutter der Schildkrötenkinder, die im Schatten lag.

Und wisst ihr, wer Maria und Josef auf ihrem Weg gefolgt ist?

Nach einer kleinen Pause zogen Maria, Josef und die Tiere weiter. Die Maus, die gerade auf Josefs Schulter saß, piepste viermal. Damit machte sie die Reisegruppe darauf aufmerksam, dass sich ihnen die drei Schildkrötenkinder zusammen mit ihrer Mutter angeschlossen hatten.

Zusammenfassung
Josef und Maria entdeckten drei neugeborene Schildkröten am Wegrand. Sie staunten über diese wundervollen Lebewesen und freuen sich sehr, als die Schildkrötenkinder ihnen zusammen mit ihrer Mutter folgten.

Kleine Schildkrötenkunde

Schildkröten
- Sie leben seit über 250 Millionen Jahren auf der Erde.
- Es gibt Land- und Wasserschildkröten.
- Riesenschildkröten werden bis zu 150 cm lang (Vergleich zu eigener Körpergröße ziehen).
- Schildkröten können über 100 Jahre alt werden (Vergleich zu Groß- oder Urgroßeltern ziehen).
- Der Panzer besteht aus Knochenplatten, darüber befinden sich meistens Hornschilde (Vergleich Fingernägel), seltener eine lederartige Haut.
- Schildkröten legen ihre Eier an Land: Die Weibchen graben ein Loch in den weichen Boden, legen die Eier hinein und decken das Loch wieder zu.
- Schildkröten können viel besser sehen als wir Menschen, allerdings hören sie nur tiefe Töne.
- Meist sind sie stumm. Wenn sie erschrecken, ziehen sie den Kopf ein und fauchen.
- Schildkröten sind Allesfresser: Sie essen Pflanzen, aber auch Insekten.

Weiterführendes Zeichnen

Material pro Kind:
- zwei weiße Blätter Papier (DIN A4)
- Buntstifte

So wird's gemacht:
- Die Kinder überlegen sich frei, was die Schildkröten auf ihrem Weg nach Bethlehem erleben werden, und zeichnen dazu ein Bild.
- Lassen Sie sich genau erklären, was auf den Bildern geschieht, und halten Sie diese Geschichten auf einem separaten Bogen schriftlich fest.
- Die Geschichten werden den Kindern vorgelesen und zusammen mit den Bildern aufgehängt.

Tipp
Die Geschichten spiegeln die sprachlichen Ausdrucksmöglichkeiten der Kinder wider. Zusammen mit den Bildern dienen sie der Entwicklungsdokumentation.

14. Dezember

Ein lebendiger Wegweiser

Eines Tages kamen Maria und Josef im Morgengrauen mit ihrem Esel und den anderen Tieren an eine Wegkreuzung.

Wisst ihr, was eine Wegkreuzung ist?

Sie blieben stehen und überlegten gemeinsam, in welche Richtung sie weitergehen sollten.

Maria sagte: „Ich glaube, wir müssen geradeaus gehen. Denn dort, wo die Sonne mittags am Himmel steht, ist Bethlehem."

Doch Josef war sich nicht sicher. Er wollte auf keinen Fall einen falschen Weg nehmen. Wenn sie einen Umweg machten, würde die Reise noch beschwerlicher werden.

Er schlug Maria vor: „Lass uns warten, bis Leute vorbeikommen, die den Weg kennen."

Maria nickte und setzte sich am Wegesrand hin. Josef schaute sich noch ein wenig die Umgebung an. Da flog plötzlich eine Taube über ihre Köpfe hinweg. Sie drehte eine Runde und landete dann vor Marias Füßen.

Maria beobachtete die Taube, die im Gras pickte. Nach einer Weile flüsterte sie Josef zu: „Schau mal, etwas ist um das Bein der Taube gewickelt."

Könnt ihr euch vorstellen, was das war?

„Das ist eine Brieftaube", antwortete Josef. „Sie bringt Nachrichten von einem Ort zum anderen."

Er näherte sich langsam und vorsichtig der Taube und griff sanft mit einer Hand nach ihr. Mit der anderen Hand wickelte er das Band ab, mit dem ein kleiner Zettel an ihrem Bein befestigt war. Er begann die Nachricht zu lesen und entdeckte sofort ein wichtiges Wort: „Bethlehem".

Josef lächelte und rief Maria erfreut zu: „Die Taube fliegt nach Bethlehem!"

Bestimmt könnt ihr euch denken, warum Josef sich so über diese Nachricht gefreut hat!

Maria antwortete: „Die Taube wird unser Wegweiser sein. Wenn sie wieder losfliegt, können wir sehen, in welche Richtung wir gehen müssen."

Also wickelte Josef die Nachricht wieder vorsichtig um das Bein der Taube und setzte sie behutsam zurück auf den Boden.

Sie pickte noch ein paar Samenkörner aus den Grashalmen, flatterte in die Höhe und flog dann den Weg entlang, der geradeaus führte.

Jetzt wussten Maria und Josef ganz sicher, dass auch sie diesen Weg nehmen mussten.

Zusammenfassung

An einer Wegkreuzung war Josef sich nicht sicher, in welche Richtung sie gehen mussten. Eine Brieftaube zeigte ihnen den Weg.

Taubenfütterung

Heute kann noch einmal das Geschicklichkeitsspiel „Pickt die Körner!" (Seite 13) wiederholt werden, wobei die Kinder nun Tauben spielen.

Taubenbeobachtung

Tauben kann man ganzjährig auf großen Plätzen oder in der Nähe ihres Unterschlupfes beobachten. Machen Sie einen Ausflug zu einem solchen Ort in Ihrer Nähe. Dabei können die Kinder folgenden Fragen nachgehen:

- Wie bewegt sich eine Taube?
- Welche Farben hat das Gefieder einer Taube?
- Wie verhalten sich die Tauben gegenüber Menschen?
- Welche Geräusche machen Tauben? Kannst du diese Geräusche nachahmen?

Malarbeit: Taubengefieder

Ihre Beobachtungen über das Aussehen der Tauben können die Kinder in dieser Malaufgabe praktisch umsetzen.

Material pro Kind:

- Kopie der Vorlage von Seite 59
- Schere
- Fingerfarben, vor allem Schwarz, Weiß und Brauntöne
- Mischbehälter, z. B. Schraubdeckel oder Pappteller
- dünner Borstenpinsel
- Klebestreifen

So wird's gemacht:

- Die Kinder schneiden die kopierten Vorlagen aus.
- Mischen Sie gemeinsam mit den Kindern einige Grau- und Brauntöne.
- Diese Farben tupfen die Kinder mit den Fingern vorsichtig auf die Vorlage.
- Wenn die Farbe getrocknet ist, zeichnen die Kinder mit dem Borstenpinsel das Auge der Taube, den Schnabel und die Füße.
- Die fertigen Tauben können an die Fensterscheibe geklebt werden.

Tipps

- Kinder, die die Flügelpartie selbst zeichnen möchten, verwenden die Rückseite der Vorlage.
- Lassen Sie die Kinder auf eine große Fensterscheibe einen Baum mit Fingerfarben malen. Wenn der Baum getrocknet ist, kleben die Kinder ihre Tauben mit Klebestreifen auf und unter den Baum.

15. Dezember

Die humpelnde Katze

Maria und Josef kamen an einigen Häusern vorbei. Sie suchten sich vor einem alten, von Hecken umwachsenen Stall einen schattigen Platz, um sich ein bisschen auszuruhen. Josef breitete die Decke aus. Weil sie in einer Dornenhecke hängen blieb, musste Josef die Decke noch einmal aufschütteln und legte sie anschließend etwas weiter von der Hecke entfernt auf den Boden.

Als sie sich auf die Decke gesetzt hatten, hörten sie aus dem Stall ein leises Miauen.

Maria sagte: „Da muss eine Katze im Stall sein. Ich werde einmal nachsehen."

Sie öffnete die Tür und blickte vorsichtig hinein. In einer Ecke lag eine Katze, an der gerade zwei Katzenjungen Milch saugten.

„Oh, wie süß!", freute sich Maria.

Habt ihr auch schon einmal eine Katzenmutter mit ihren Jungen gesehen?

Als Maria wieder zurückgehen wollte, sprang die Katzenmutter plötzlich auf, begann jämmerlich zu miauen und bewegte sich auf Maria zu. Maria sah gleich, dass mit der Katze etwas nicht in Ordnung war. Sie humpelte beim Gehen und jedes Mal, wenn sie ihre rechte Vorderpfote aufsetzte, zuckte sie.

Maria bückte sich zu der Katze hinunter und hob vorsichtig ihre Pfote an. Da erkannte sie, warum die Katze humpelte.

Was war wohl mit der Katzenpfote passiert?

In der Pfote hatte sich ein Dorn verhakt.

Maria rief ihren Verlobten herbei: „Josef, komm doch bitte mal! Hier ist eine Katze, die sich an der Pfote verletzt hat."

Josef nahm die Katze behutsam hoch und hielt Maria die verletzte Pfote hin. Die Katzenmutter hielt ganz still, während ihre Kleinen vergnügt auf dem Stallboden herumtobten.

Maria griff mit ihren Fingerspitzen vorsichtig nach dem Dorn und zog ihn rasch aus der Pfote heraus. Die Katze miaute laut auf, doch nach einer Schrecksekunde klang das Miauen schon friedlicher. Josef setzte die Katze wieder auf den Boden und die Kleinen schmiegten sich gleich an das weiche Fell ihrer Mutter.

Als die Katzenmutter wieder in die Ecke zu ihrem Lager lief, bemerkte Maria, dass sie nicht mehr humpelte. Josef und Maria waren sehr froh, dass sie der Katze so schnell hatten helfen können. Zufrieden setzten die beiden ihre Reise fort.

Nur kurze Zeit später liefen die Katzenmutter und ihre Jungen Maria, Josef und den anderen Tieren hinterher.

Zusammenfassung

In einem Stall entdeckte Maria eine Katzenmutter, in deren Pfote sich ein Dorn verhakt hatte. Maria zog den Dorn heraus und befreite die Katze von ihrem Schmerz. Dankbar machten sich auch die Katze und ihre Jungen auf den Weg nach Bethlehem.

Katzenturnen

Material:

- diverse Geräte, z. B. Sprossenwand, 1–2 Langbänke, große Decke, mehrere Kästen, Stofftunnel, Matten zur Absicherung und zum Turnen

So wird's gemacht:

- Die Kinder schlüpfen in die Rollen von Katzen und versammeln sich im Kreis.
- Sie machen sich ganz klein und schlafen.
- Langsam wachen sie auf, schauen sich um, schütteln erst eine Vorderpfote (Hand) aus, dann die andere, stehen langsam auf und schütteln auch die anderen beiden Pfoten (Füße) aus.
- Dann strecken sie sich, machen sich mit einem Katzenbuckel ganz groß und wollen ihre Umgebung kennenlernen.
- Wisst ihr, was Katzen gerne machen? – Mit dieser Frage können Sie von den Kindern erörtern lassen, an welchem einfachen Parcours Katzen Spaß hätten.
- Vorschläge:
  - Klettern: an der Sprossenwand hochklettern und anschließend wieder herunterklettern oder -springen; versuchen, an der Stange hoch- und herunterzuklettern.
  - Auf dem Zaun balancieren: auf der Langbank – evtl. auf einer zweiten, umgedrehten Langbank – balancieren.
  - Durch Hindernisse kriechen: mithilfe einer großen Decke und zweier ca. 1 m voneinander entfernt stehenden Kästen einen Tunnel bauen bzw. einen Stofftunnel auslegen; weitere Kästen auf allen vieren überwinden.
  - Springen: Turnmatten mit Abstand zum beidbeinigen Springen auslegen.
- Ist dieser Parcours durchlaufen worden, kann er unter erschwerten Bedingungen wiederholt werden: Indem jeweils eines ihrer Beine mit einem Seil zusammengebunden worden ist, humpeln zwei Kinder wie die Katze in der Geschichte auf drei Beinen. Stationen, die zu zweit nicht zu bewältigen sind, wie etwa der schmale Stofftunnel, müssen weggelassen oder variiert werden.

Katzenpuzzle

Material pro Kind:

- Kopie der Vorlage von Seite 62
- Schere
- Klebstoff
- Pappe
- Buntstifte
- nach Wunsch: Folie zum Laminieren

So wird's gemacht:

- Die Kinder schneiden die kopierten Puzzleteile aus und setzen sie wieder zusammen.
- Nach mehreren Puzzle-Durchgängen werden die Teile auf Pappe geklebt und angemalt.

Tipp

Wenn Sie das Puzzle laminieren, nachdem es angemalt worden ist, kann das Spiel längerfristig eingesetzt werden.

16. Dezember

Eine süße Köstlichkeit

Nach einer Weile sagte Maria zu Josef: „Ach Josef, ich hätte so gerne etwas Süßes zu essen.“

„Leider haben wir nichts Süßes in unserem Gepäck“, überlegte Josef. „Möchtest du vielleicht ein Stück Brot haben?“

Maria antwortete: „Nein, es ist schon gut. Ich hatte einfach Lust auf etwas Süßes, aber ich brauche es nicht unbedingt.“

Welche Süßigkeiten mögt ihr gerne?

Kurze Zeit später summte eine kleine Biene vor Josefs Nase herum. Sie kreiste ein paarmal um seinen Kopf und flog dann vor ihm her, als ob sie ihm etwas zeigen wollte. Da hatte Josef eine Idee.

Könnt ihr euch denken, welche Idee er hatte?

Josef sagte zu Maria: „Warte kurz hier mit dem Esel. Ich werde etwas für dich suchen.“

Er lief der Biene hinterher. Als sie sich auf eine Blüte setzte, blieb Josef stehen und schaute sich um. Da sah er ganz in der Nähe ein verlassenes Bienennest hängen. Schnell ging Josef zu dem Nest und fand darin Honigwaben. Vorsichtig brach er ein Stück davon ab und brachte es voller Stolz Maria.

Er rief ganz aufgeregt: „Maria, schau mal, was ich gefunden habe! Die kleine Biene hat mir den Weg zu einem Bienennest gezeigt. Hier in dieser Wabe ist süßer Honig für dich!“

Maria war überglücklich und bedankte sich bei Josef mit einem Kuss auf die Stirn. Sie nahm die Honigwabe und biss vorsichtig hinein. Schon spürte sie auf ihrer Zunge den süßen, leckeren Honig.

Habt ihr schon einmal Honig gegessen? – Wisst ihr, wie er entsteht?

Maria gab die Wabe Josef zurück und sagte: „Du musst das unbedingt auch probieren. Die Bienen haben aus dem Nektar, den sie so fleißig aus den Blüten gesammelt haben, wirklich eine leckere Köstlichkeit bereitet.“

Während sie weitergingen, schleckten Maria und Josef abwechselnd den süßen Honig und freuten sich über dieses Wunder der Natur. Und die Biene, die ihnen in einigem Abstand folgte, summte fröhlich vor sich hin, weil sie Maria eine solche Freude bereitet hatte.

Zusammenfassung

Maria hatte plötzlich Appetit auf etwas Süßes. Kurze Zeit später zeigte eine Biene Josef den Weg zu einem verlassenen Bienenstock. Josef brach eine Wabe mit Honig heraus, damit Maria und er davon naschen konnten. Stolz, Maria einen Wunsch erfüllt zu haben, flog die Biene ihnen fröhlich summend nach.

Honigprobe

Material:
- zwei oder mehr Sorten Honig, falls möglich direkt vom Imker
- ein Löffel pro Kind
- nach Wunsch: Brot, Butter und Messer für jedes Kind

So wird's gemacht:
- Die Kinder probieren den Honig und beschreiben, wie er schmeckt. Erkennen sie einen Unterschied zwischen den Sorten?
- Im Anschluss kann ein gemeinsames Frühstück mit Honigbroten stattfinden.

Wachsfiguren

Material:
- Honigwachsplatten
- Backausstecher
- reißfester Faden oder dünne Wolle
- Zweig

So wird's gemacht:
- Die Backausstecher auf die weichen Honigwachsplatten drücken und jeweils zweimal dasselbe Motiv ausstechen.
- Den Faden zwischen zwei gleiche Formen legen, die Ränder der Platten festdrücken.
- Die entstandenen Wachsfiguren an einen Zweig hängen.

Rezept: Honigschnitten

Bestimmt helfen Ihnen gern Eltern beim Backen. Hier ein einfaches Rezept für Honigschnitten (ca. 48 Stück):

Zutaten:
- 125 g Honig
- 100 g Margarine
- 4 Eier
- 500 g Zucker
- etwas Zimt
- ein paar Nelken
- etwas Kakaopulver
- 800 g Mehl
- 1 Päckchen Backpulver
- nach Wunsch: Zuckerguss

So wird's gemacht:
- Honig und Margarine leicht erhitzen, zergehen lassen, verrühren, abkühlen lassen.
- Eier und Zucker schaumig rühren.
- Zimt, Nelken und Kakaopulver hinzugeben.
- Mehl und Backpulver vermischen und unterrühren.
- Die Honig-Margarine-Masse hinzugeben und verrühren.
- Die entstandene Teigmasse auf zwei Bleche geben und verstreichen. Falls der Teig klebrig ist, mit einem nassem Messerrücken glätten.
- Im vorgeheizten Ofen ca. 25 Minuten bei 170 bis 180 °C backen.
- Wenn gewünscht, nach dem Backen sofort mit Zuckerguss bestreichen.
- Den Kuchen in Stücke schneiden.

17. Dezember

Vorsicht – zerbrechlich!

Während Maria neben Josef den Weg entlangging, sah sie wegen der spitzen Steine auf den Boden. Da sie Schuhe mit dünnen Sohlen trug, musste sie besonders vorsichtig gehen.

Plötzlich zog Maria Josef zur Seite und rief: „Vorsicht, Josef, da liegt etwas auf dem Weg!“

Josef blieb stehen und blickte nach unten. Nur wenige Zentimeter neben seinen Füßen sah er ein kleines rundes Gehäuse.

Könnt ihr euch denken, was das war?

„Oh, jetzt wäre ich fast auf dieses Schneckenhaus getreten!“, sagte Josef erschrocken.

„Ob da wohl noch eine Schnecke drinsteckt?“, fragte Maria neugierig.

Josef bückte sich und hob das Schneckenhaus vorsichtig hoch. Er drehte es um, zeigte es Maria und beide sahen, dass sich wirklich eine Schnecke darin befand. Sie hatte sich in ihr Haus zurückgezogen, weil sie sich in Gefahr glaubte.

Maria meinte: „Setze die Schnecke doch am Wegrand aufs Gras, damit sie nicht aus Versehen zertreten wird.“

Bevor Josef dies tat, betrachteten die beiden noch einmal ganz genau die schöne Form des Schneckenhauses.

Wie sieht ein Schneckenhaus aus? – Habt ihr schon einmal eines in der Hand gehalten?

Maria war begeistert. Sie sagte zu Josef: „Sieh mal, wie wunderschön das Schneckenhaus geformt ist! Die Oberfläche sieht wie ein Weg aus. Außen macht dieser Weg einen großen Bogen und dann windet er sich zu immer engeren Kreisen, bis er in eine Spitze mündet.“

„Ja“, antwortete Josef, „und so ist auch unsere Reise: Erst war der Weg mühsam und weit, doch bald haben wir unser Ziel, die Stadt Bethlehem, erreicht. Und unser Kind wird dort auf die Welt kommen.“

Nachdem Josef die Schnecke am Wegrand abgesetzt hatte, gingen die beiden weiter. Zuerst schaute die Schnecke vorsichtig aus ihrem Haus heraus, als sie aber sah, dass so viele Tiere Maria und Josef folgten, beschloss sie, sich ihnen auch anzuschließen. Sie kroch los, aber leider war sie sehr, sehr langsam.

Der Elefant, der gerade den Weg nach heruntergefallenen Blättern absuchte, bemerkte die Schnecke. Ganz sanft stupste er sie mit seinem Rüssel an. Und schon kroch die Schnecke auf den Rüssel des Elefanten. Damit gab sie ihm zu verstehen: „Nimm mich mit! Ich möchte auch nach Bethlehem!“

Der Elefant hob seinen Rüssel vom Boden hoch und drehte ihn nach hinten, sodass die Schnecke ganz bequem von der Rüsselspitze auf seinen Rücken kriechen konnte. Nachdem der Elefant dreimal fröhlich „Rötö-rötö-rötööö!“ trompetet hatte, setzte er sich wieder in Bewegung. Da sah Maria, dass der Elefant stolz die Schnecke transportierte und freute sich sehr.

Zusammenfassung
Fast wäre Josef auf eine Schnecke getreten. Zum Glück sah Maria sie rechtzeitig und machte Josef auf sie aufmerksam. Gemeinsam bewunderten die beiden die Form des Schneckenhauses. Weil die Schnecke nur langsam kriechen konnte, nahm der Elefant sie auf seinen Rücken, um sie mit nach Bethlehem zu nehmen.

Basteln und spielen: Schneckenrennen

Material pro Kind:
- Kopie der Vorlage von Seite 62
- Schere
- Buntstifte
- Papierstreifen (ca. 30 cm lang, 2,5 cm breit)
- Klebestreifen
- Wollfaden (ca. 1,20 m lang)
- Kreide

So wird's gemacht:
- Die Kopie des Schneckenkörpers ausschneiden und anmalen.
- Den Papierstreifen beidseitig in den Farben eines Schneckenhauses anmalen.
- Eine Spirale drehen, sodass sich aus dem Streifen drei größer werdende Ringe bilden.
- Das so entstandene Schneckenhaus mit Klebestreifen auf die Markierung in der Mitte des ausgeschnittenen Körpers kleben. Dabei sollte ein Erwachsener helfen.
- Ein Ende des Fadens am Kopf der Schnecke befestigen, das andere Ende an einem Stift festknoten.
- Mehrere Schnecken an der Querseite eines Tisches nebeneinander aufstellen. Die Stifte mit den befestigten Fäden auf die andere Seite des Tisches legen, wo die Ziellinie mit Kreide markiert wird.
- Die Kinder halten jeweils einen Stift waagerecht in ihren Händen und drehen ihn auf Ihr Signal, sodass der Faden aufgewickelt wird und die Schnecken über den Tisch kriechen.
- Es gewinnt das Kind, dessen Schnecke zuerst durchs Ziel kriecht.

Spaß mit Spiralen

Unternehmen Sie mit Ihrer Gruppe einen Waldspaziergang. Auch im Winter lassen sich Schneckenhäuser finden. Sie können außerdem eigene Anschauungsobjekte mitbringen. Die Spirale eines Schneckenhauses soll nun vielfältig nachempfunden werden.

So wird's gemacht:
- Aus Spielmaterialien oder Schreibutensilien eine große Spirale legen.
- Eine als Spirale aufgeklebte Wollschnur mit geschlossenen Augen auf einem Stück Karton nachfahren.
- Im Sand eine spiralförmige Spur von einem motorisch geschickten Kind einzeichnen und diese von weiteren Kindern nachzeichnen lassen.
- Eine Spirale als Schneckenhaus auf ein Blatt Papier zeichnen, mehrmals bunt nachfahren oder die Zwischenräume farbig ausgestalten; nach Wunsch einen Schneckenkörper hinzumalen.

18. Dezember

Das schlürfende Tier

Die Sonne stand hoch am Himmel, während Maria und Josef langsam weiterliefen. Für Maria wurde das Laufen nun sehr beschwerlich. Auch das Reiten auf dem Esel war anstrengend, da sie sich immer gut festhalten musste. Sie schwitzte und wischte sich die Stirn trocken.

Habt ihr auch schon einmal sehr geschwitzt? – Was habt ihr dagegen getan?

„Ach Josef, mir ist so heiß“, jammerte sie nach einer Weile.

„Dann machen wir gleich wieder eine Pause“, antwortete Josef. „Da vorn stehen ein paar Bäume, dort können wir uns ein bisschen im Schatten ausruhen.“

Noch bevor sie weitergingen, suchte Josef in seinem Bündel nach der Wasserflasche und reichte sie Maria, damit sie trinken konnte.

Maria trank nur einen kleinen Schluck und meinte: „Wir haben beinahe kein Wasser mehr. Ich habe dir noch etwas übrig gelassen. Du hast doch sicher auch Durst.“

Doch Josef entgegnete: „Nein, du kannst alles trinken. Ich kann noch warten, bis wir wieder eine Wasserstelle zum Auffüllen finden.“

Als Josef die leere Flasche wieder eingepackt hatte, hörten sie plötzlich ein Getrampel, das schnell näher kam. Wenig später sahen sie ein Kamel mit einem Höcker.

Wisst ihr, was ein Höcker ist? – Wie nennt man Kamele mit einem Höcker?

Das Tier lief geradewegs auf die Bäume zu.

Maria sagte erstaunt: „Oh, das Dromedar hat es aber eilig!“

Sie sahen dem Tier hinterher. Es stoppte hinter den Bäumen und ging in die Knie. Dann senkte es seinen Kopf und sogleich hörte man ein lautes Schlürfen.

Woher kam dieses Schlürfen? Was hat das Dromedar wohl entdeckt?

Maria und Josef entdeckten einen Graben, aus dem das Dromedar genüsslich Wasser schlürfte. Auch der Esel und alle anderen Tiere beeilten sich nun, zum Wassergraben zu gelangen. Dort begannen die Tiere zu trinken. Maria und Josef schöpften mit ihren Händen Wasser und erfrischten sich. Sie mussten sehr über das Schlürfen der Tiere lachen.

Das Dromedar trank nun schon seit ein paar Minuten, der Papagei rief zwischendurch „WAS-SER!“ und der Hund schwamm einmal quer durch den Graben. Josef holte die leere Wasserflasche aus seinem Bündel und füllte sie wieder auf. Als er gerade damit fertig war, hob das Dromedar seinen Kopf und schüttelte ihn prustend hin und her, sodass es Josef und Maria nass spritzte. Den beiden war diese Erfrischungsdusche sehr willkommen.

Nach einer kurzen Pause zogen sie zusammen mit dem Dromedar und allen anderen Tieren weiter.

Zusammenfassung

Maria und Josef sahen ein Dromedar, das in schnellen Schritten zu einem Wassergraben lief. Dort tranken das Dromedar und die anderen Tiere. Auch Maria und Josef konnten sich erfrischen und ihre Wasservorräte auffüllen. Dann brach das Dromedar mit ihnen auf.

Kleine Kamelkunde

Obwohl das Dromedar, das zur Familie der Kamele gehört, ein eher exotisches Tier ist, werden die Kinder es vielleicht schon aus dem Zoo oder Zirkus kennen. Was wissen sie über diese Tiere? Nach einem kleinen Brainstorming kann das Vorwissen der Kinder erweitert werden.

Kamele

- Kamele werden in zwei Gruppen eingeteilt:
  - Dromedare sind einhöckrige Kamele. Sie bewohnen Wüsten und Steppen und sind über Nordafrika und Kleinasien verbreitet.
  - Trampeltiere haben zwei Höcker auf dem Rücken und kommen aus Zentralasien. Auch sie leben in Steppen- und Wüstengebieten.
- In den Höckern ist kein Wasser, sondern gespeichertes Fett enthalten. Das Wasser wird im Magensystem gespeichert. Während der wochenlangen Wanderungen durch die Wüste findet das Kamel fast keine Nahrung. Stattdessen verbraucht es das Fett aus seinen Höckern. Dadurch werden die prall gefüllten Höcker allmählich immer schlaffer.
- Kamele fressen rein pflanzliche Nahrung, hauptsächlich Gräser.
- Sie werden als Reit- und Lasttiere eingesetzt. (Eine mögliche Frage an die Kinder: Warum nehmen die Menschen in der Wüste hierfür keine Pferde?)
  - In der Wüste ist es sehr warm und trocken. Vorteile der Kamele gegenüber Pferden sind, dass sie schneller laufen können und dass sie ca. zwei Wochen ohne Flüssigkeitsaufnahme auskommen, was in der Wüste besonders wichtig ist.
  - In der Wüste gibt es oft Sandstürme. Damit dem Kamel kein Sand in die Augen weht, hat es sehr lange Wimpern, die wie ein Vorhang die Sandkörner fernhalten.

Decken weben

Damit dem Dromedar beim Lastentransport der Rücken nicht wehtut, bekommt es eine Decke übergelegt. Diese Decken, die von den Menschen in der Wüste gewebt werden, sind oft sehr farbenfroh. Wenn Webrahmen zur Verfügung stehen, können die Kinder kleine Decken herstellen.

Material pro Kind:

- Webrahmen mit Schiffchen
- Wolle oder Stoffstreifen
- Schere

19. Dezember

Ein funkelnder Glanz

Josef führte den Esel, auf dessen Rücken Maria saß, vorsichtig einen steinigen Pfad entlang. Plötzlich blieb der Esel stehen. Josef zog an der Leine, doch der Esel wollte keinen Schritt mehr weiterlaufen.

„Was hat er denn?“, fragte Josef Maria.

Habt ihr eine Idee, warum der Esel nicht weitergehen wollte?

Maria meinte: „Vielleicht bin ich ihm zu schwer. Ich kann ja wieder ein Stück laufen. Hilf mir doch bitte beim Absteigen.“

Da Josef auch keinen anderen Grund erkennen konnte, warum der Esel nicht weitergehen wollte, half er ihr vorsichtig vom Rücken des Tieres herunter. Aufmunternd streichelte Maria den Hals des Esels. Dabei blickte sie auf den Boden und bemerkte vor seinen Hufen etwas Funkelndes auf dem Boden, das sich langsam bewegte.

Was bewegte sich da wohl auf dem Boden?

„Oh, Josef! Schau mal, da krabbelt ein kleiner Käfer über den Weg. Wie schön er glänzt!“, rief Maria.

Josef bückte sich und sah sich das kleine Tier genau an. „Ja, er funkelt besonders stark, weil sich die Sonne auf seinem Rücken spiegelt“, freute sich Josef über den glänzenden Käfer.

„Bestimmt ist der Esel nicht weitergelaufen, weil er Angst hatte, aus Versehen auf den Käfer zu treten“, sagte Maria.

Habt ihr auch schon einmal einen glänzenden Käfer gesehen?

Josef ging an den Wegrand und pflückte einen Grashalm. Dann beugte er sich zu dem kleinen Glanzkäfer hinunter und hielt den Halm vor ihn hin. Der Käfer krabbelte sofort auf den Halm und klammerte sich an ihm fest. So konnte Josef ihn vorsichtig zum Wegrand tragen. Dort legte er den Halm mit dem Käfer hin und ging zu Maria und dem Esel zurück. Als er die Leine des Esels in die Hand nahm, setzte dieser sich wieder in Bewegung.

„Du hattest recht, Maria“, sagte Josef. „Es lag wirklich an dem glänzenden Käfer, dass der Esel nicht weiterlaufen wollte. Also kannst du wieder aufsteigen. Dann ist der Weg für dich nicht so beschwerlich.“

Nachdem Josef Maria beim Aufsteigen geholfen hatte, trabte der Esel weiter. Mit einem fröhlichen „Iah!“ bedankte er sich bei Josef.

Der Käfer kletterte schnell von seinem Halm herunter und krabbelte hinter dem Esel her. Über ein Hinterbein des Esels gelangte er auf das Gepäckbündel, das über dessen Rücken lag. So konnte der Glanzkäfer ganz gemütlich mit nach Bethlehem reisen.

Zusammenfassung
Der Esel entdeckte einen glänzenden Käfer auf dem Boden und wollte deshalb nicht weitergehen. Also ließ Josef den Käfer auf einen Grashalm klettern und legte ihn am Wegrand ab. Aber natürlich blieb der Käfer dort nicht sitzen. Er krabbelte auf den Esel, um mit nach Bethlehem zu reisen.

Stempelkäfer

Material pro Kind:
- Wasserfarben und Pinsel oder Stempelkissen
- weißes Blatt Papier oder farbiges Stück Tonpapier
- Bunt- und Glitzerstifte

So wird's gemacht:
- Einen Daumen mit Wasserfarben bemalen oder den Daumen auf das Stempelkissen drücken.
- Auf das Papier viele bunte Fingerabdrücke setzen, die die Körper von Käfern darstellen.
- Wenn die Fingerabdrücke getrocknet sind, mit den Buntstiften Beine und Fühler dazuzeichen und die Körper mit den Glitzerstiften bemalen.
- Lassen Sie die Kinder die Käfer in Beziehung zueinander setzen und Geschichten erzählen. Schreiben Sie die Erzählungen der Kinder auf.

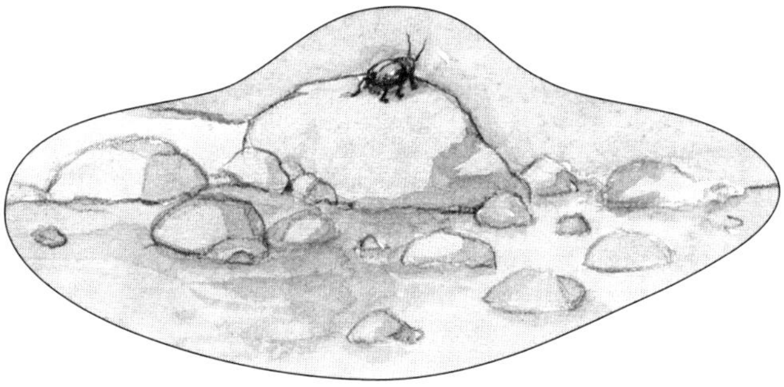

Faltkäfer

Material pro Kind:
- buntes Faltpapier, quadratisch
- kleines Stück Glanzpapier
- Schere
- Glitzer- und Buntstifte
- Klebstoff

So wird's gemacht:
- Das Faltpapier zum Dreieck falten.

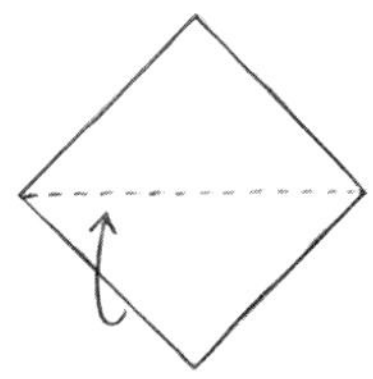

- Das entstandene Dreieck zu einem noch kleineren Dreieck falten, anschließend einmal aufklappen.

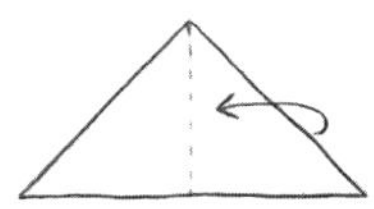

- Beide Ecken wie abgebildet hochknicken.

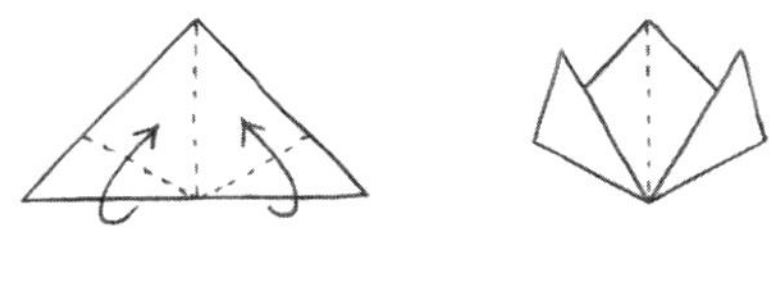

- Aus Glanzpapier ein passendes Stück ausschneiden, darauf mit Glitzer- oder Buntstiften das Gesicht des Käfers malen und aufkleben. Den Körper des Käfers mit Glitzerstiften verzieren.

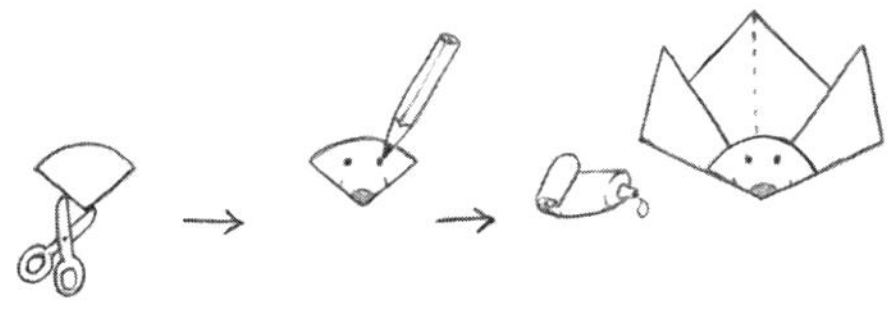

20. Dezember

Ein Freund für den Esel

Auf einem Feld sahen Maria und Josef ein kleines Pony umherspringen. Plötzlich bewegte der Esel sich nicht mehr weiter und sah freundlich zu dem Pony hinüber. Im gleichen Moment blieb auch das Pony stehen und schaute den Esel interessiert an. Der Esel rief: „Iah!“, als ob er das Pony begrüßen wollte.

Was meint ihr, was das Pony antwortete?

Vom Pony war ein freundliches Wiehern zu hören. Langsam setzte es sich in Bewegung und kam auf Josef, Maria und den Esel zu. Es nahm Anlauf, um über einen kleinen Graben zu springen, und landete einen Augenblick später vor ihnen. Als das Pony am Esel schnupperte, blieb dieser ruhig stehen. Nase an Nase standen die beiden Tiere nun da und sahen sich genau an.

Wisst ihr, wie die Nasen von Ponys, Pferden und Eseln heißen?

Die Tiere beschnupperten sich mit ihren Nüstern, als ob sie sich zur Begrüßung ein Küsschen geben wollten. Darüber mussten Maria und Josef herzlich lachen.

Josef meinte: „Anscheinend hat unser Esel heute einen Freund gefunden.“

Er ging langsam auf das Pony zu und streichelte seine Mähne. Während Maria zärtlich über den Hals des Ponys strich, fragte sie das Tier: „Möchtest du uns ein Stück begleiten?“

Daraufhin stellte sich das Pony neben den Esel, als wäre es zum Abmarsch bereit.

Josef staunte: „Vielleicht möchte das Pony wirklich ein Stück mit uns gehen.“

Er half Maria, auf den Rücken des Esels zu steigen. Als er nach dem Seil greifen wollte, um den Esel zu führen, drückte dieser seinen Kopf gegen Josefs Rücken und schob Josef direkt auf das Pony zu. Mit einer weiteren Kopfbewegung stupste der Esel gegen Josefs Po.

Was wollte der Esel Josef mit seinen Bewegungen wohl zeigen?

Maria schmunzelte: „Ich glaube, der Esel will dir zeigen, dass du auf seinem neuen Freund ein Stück reiten kannst.“

Bereitwillig ließ das Pony Josef aufsitzen. Sogleich setzten sich Esel und Pony gemütlich in Bewegung. Nun konnte auch Josef für ein Stück des Weges seine müden Beine entspannen. Glücklich ritten Maria und Josef auf dem Esel und dem Pony nebeneinander her.

Nun sind der Esel und das Pony Freunde geworden. Wer von euch möchte von seinem besten Freund oder seiner besten Freundin erzählen? – Was macht ihr am liebsten zusammen?

Zusammenfassung

Ein Pony begegnete den Reisenden und freundete sich mit dem Esel an. Da das Pony ebenfalls mit auf die Reise nach Bethlehem kommen wollte, konnte Josef ein Stück auf ihm reiten und seine müden Beine entspannen.

Bewegungsspiel: Tierfamilien

Material:

- nach Wunsch: mehrfache Kopien von drei bis vier Tierfiguren aus den Geschichten, die bisher vorgelesen wurden (evtl. auf Pappkärtchen kleben)

So wird's gemacht:

- Wählen Sie drei bis vier Tiere aus den bisherigen Geschichten aus, deren Laute gut voneinander zu unterscheiden sind, z. B.: Esel, Hund, Katze und natürlich das Pony der heutigen Geschichte.
- Flüstern Sie jedem Kind einen der Tiernamen ins Ohr oder geben Sie ihm eine kleine Tierkarte in die Hand.
- Auf Ihr Zeichen laufen die Kinder frei durch die Halle. Indem sie sich jeweils nur mit dem für sie typischen Laut verständigen, suchen sie ihre Tierfamilie.
- In der nächsten Runde werden die Tierrollen gewechselt.

Bewegungsspiel: Ponyschlitten

Material:

- Rollbretter
- Seile
- Hindernisse wie Hütchen, Kartons etc.

So wird's gemacht:

- Ein Kind sitzt auf dem Rollbrett (in der Kutsche) und hält sich an den beiden Enden eines Seils fest, dessen Mitte von einem anderen Kind (dem Pony) gezogen wird.
- Im Raum liegen Hindernisse, um die die Kutsche sorgsam herumgeführt werden muss.
- Falls ein Kind die Kutsche nur schwer ziehen kann, werden zwei Ponys vorgespannt.
- Aus den zunächst willkürlich verteilten Hindernissen kann nach einer Unterbrechung ein Hindernisparcours entstehen, z. B. eine Gasse, eine Slalombahn und ein Teich.

Freundschaftsbilder

Material:

- Papier
- Buntstifte oder Wasserfarben

So wird's gemacht:

- Nachdem die Kinder am Ende der Geschichte von ihren eigenen Freunden erzählt haben, malen sie Bilder zum Thema „Mein bester Freund und ich bei unserer Lieblingsbeschäftigung“. Vielleicht möchten zwei Freunde auch gemeinsam ein Bild gestalten.

21. Dezember

Nur ein Traum?

Es war dunkel geworden und Maria und Josef waren von dem anstrengenden Tagesmarsch sehr müde.

Da erblickte Josef am Horizont die Lichter einer Stadt: „Schau, Maria, das muss Bethlehem sein! Es ist nicht mehr weit. Nur noch einen Tag lang müssen wir laufen, dann haben wir unser Ziel erreicht! Lass uns diese Nacht hier auf der Weide verbringen. Wir können in Ruhe schlafen und bekommen wieder Kraft zum Wandern."

Josef packte aus seinem Bündel das restliche Brot und die Wasserflasche aus. Nach dem gemeinsamen Essen lehnte sich Maria erschöpft an Josefs Schulter. Er legte behutsam die Decke über sie und beide schliefen schnell ein.

Mit den ersten Sonnenstrahlen öffnete Josef die Augen und blinzelte. Verschwommen sah er zwei kleine Schafe vor sich sitzen, die ihn erwartungsvoll anblickten.

Er dachte: „Das ist ein schöner Traum! Friedliche Schafe, die so nahe zu mir kommen, dass ich ihr weiches Fell streicheln kann."

Dann rieb er sich müde die Augen und erkannte: „Das ist ja gar kein Traum. Hier sitzen wirklich Schafe!"

Habt ihr schon einmal Schafe aus der Nähe gesehen?

Vorsichtig weckte Josef Maria auf. Sie freute sich sehr über den morgendlichen Besuch und die Schafe schauten Maria und Josef zutraulich an. Josef blickte sich in der Gegend um. Er suchte die Herde und die Hirten der Schafe. Ganz weit entfernt entdeckte er auf den Feldern vor der Stadt weiße Punkte, die sich langsam bewegten.

Was waren wohl diese weißen Punkte?

Josef sagte: „Da vorn, nahe bei der Stadt, könnte die Herde dieser Schafe sein. Vielleicht sind sie heute Nacht von dort ausgerissen."

Darauf antwortete Maria: „Dann nehmen wir die beiden Schafe mit nach Bethlehem."

So machten sie sich auf den Weg und die Schafe trabten bereitwillig neben ihnen und den anderen Tieren her.

Zusammenfassung

Nachts schliefen Maria und Josef auf einer Weide. Als Josef am Morgen die Augen öffnete, sah er zwei Schafe, die direkt vor ihnen saßen. Zuerst dachte Josef, er würde träumen, doch der Traum erwies sich als Wirklichkeit. Die friedlichen Schafe begleiteten Maria, Josef und die anderen Tiere auf der Weiterreise.

Schafspiel

Material:

- Kopie der Schaf- und Augenkarten von Seite 63 (nach Wunsch vergrößert); je nach Spielvariante mehrfach kopieren
- Pappe
- Klebstoff
- nach Wunsch: Folie zum Laminieren
- Schere
- Würfel
- nach Wunsch: Buntstifte

So wird's gemacht:

- Die Kopie auf Pappe kleben und ggf. laminieren.
- Die einzelnen Karten ausschneiden.
- Bei den Spielvarianten liegen die Karten jeweils zu Spielbeginn aufgedeckt auf dem Tisch.

Variante 1 (Einzel- oder Paarspiel):

- Die Schafe auf den Bildkarten werden gezählt und der Reihe nach geordnet. Anschließend werden die Augen auf den anderen Karten gezählt und geordnet. Die Schaf- und Augenkarten werden als Paare nebeneinandergelegt.

Variante 2 (Kleingruppenspiele):

- Die Kinder würfeln reihum und zeigen jeweils auf die Karten mit der entsprechenden Schaf- und Augenzahl. Jeder Spieler sammelt die Karten, auf die er gezeigt hat. Wenn die Karte mit der gewürfelten Anzahl an Schafen bzw. Augen bereits vergeben ist, ist das nächste Kind an der Reihe. Gewonnen hat der Spieler, der die meisten Karten gesammelt hat.
- Reihum würfelt jeweils ein Kind, wobei alle Spieler versuchen, so schnell wie möglich auf die Karte mit der gewürfelten Schafanzahl zu zeigen. Wer am schnellsten ist, darf die Karte behalten.

Tipp

Nach den üblichen Spielregeln lässt sich ein Bilder-Augen-Memory spielen, wobei eine Bild- und eine Augenkarte ein Paar darstellen. Sie können das Memory folgendermaßen erweitern: Kopieren Sie das Spiel dreimal und lassen Sie die Kinder die Karten eines jeden Sets in derselben Farbe ausmalen. Nun muss bei dem 36-teiligen Memory nicht nur auf die Anzahl, sondern auch auf die Farben geachtet werden.

Unterschiede fühlen

Material:

- Fühlsäckchen
- Materialien je nach Anzahl der Kinder, z. B.: Stück Schaffell, Wattebausch, künstliche Grasmatte, Rinde, glatter und rauer Stein

So wird's gemacht:

- Die Kinder greifen der Reihe nach in das Fühlsäckchen.
- Sie betasten jeweils einen Gegenstand im Säckchen, beschreiben ihn möglichst genau und raten, worum es sich handelt.

Tipp

Statt des Säckchens kann ein Karton verwendet werden, in dessen Deckel ein ausreichend großes Loch für eine Kinderhand geschnitten worden ist.

22. Dezember

Angekommen!

In der Ferne sahen Maria und Josef schon die Mauern von Bethlehem. Maria ritt das letzte Stück auf dem Esel. Auch die meisten Tiere waren sehr müde. Nur die Taube, die lange Flüge gewohnt war, flog ein paar Extrarunden über ihren Köpfen. Und die Biene, die sich auf dem Höcker des Dromedars ausgeruht hatte, summte lustig vor sich hin.

Vor dem großen Stadttor trafen Maria und Josef auf einer Weide zwei Hirten mit ihrer Herde. Die beiden Schafe, die sich ihnen angeschlossen hatten, liefen den Hirten fröhlich entgegen.

Könnt ihr euch vorstellen, warum sich die beiden Schafe so gefreut haben?

Nun hatten die beiden Schafe ihre Herde endlich wiedergefunden. Maria und Josef unterhielten sich ein wenig mit den Hirten. Diese sagten ihnen, dass in Bethlehem bereits viele Menschen angekommen seien, um sich auf Befehl des Kaisers in die Zähllisten eintragen zu lassen. Also ließen Josef und Maria die Tiere – außer dem Esel – auf der Weide zurück. Denn in der überfüllten Stadt hätten sie sich bestimmt nicht wohlgefühlt.

Maria sagte zu den Tieren: „Vielen Dank für eure treue Begleitung! Sicher seid ihr müde. Am besten schlaft ihr ein bisschen. Hier ist es schön ruhig.“ Dabei stellte Maria erstaunt fest, dass ihnen auch das Chamäleon gefolgt war, ohne dass sie es bemerkt hatte.

Auf der Weide saß ein kleiner Schmetterling auf einem Grashalm. Maria lächelte ihm zu und der Schmetterling schlug zum Gruß dreimal mit den Flügeln. Als sich die Tiere müde auf der Weide niedergelassen hatten, flatterte der Schmetterling von Tier zu Tier, um sie alle zu begrüßen.

Josef führte den Esel mit Maria auf dem Rücken durch das Stadttor. Sie schauten sich gleich nach einer Herberge um.

Was ist eine Herberge?

Josef klopfte am ersten Haus, um nach einer Unterkunft zu fragen. Ein Mann kam heraus und sagte: „Hier ist kein Platz mehr. Alle Zimmer sind schon belegt.“

Also klopfte er an der nächsten Tür. Als jemand öffnete, bat Josef: „Bitte lasst uns diese Nacht hierbleiben. Maria wird bald ein Kind bekommen.“

Doch auch in dieser Herberge gab es keinen Platz für das Paar. Und so fragten sie noch in vielen Häusern nach, bis sie endlich am Stadtrand Hilfe von einem alten Mann erhielten. Der Mann sagte: „In meinem Haus ist zwar kein Platz mehr für euch, doch nicht weit von hier befindet sich ein Stall. Dort könnt ihr mit eurem Esel die Nacht verbringen. Ich gebe euch eine Laterne, damit ihr etwas Licht habt.“

Die Laterne, in der eine Kerze brannte, verbreitete ein angenehmes Licht und erhellte Maria, Josef und dem Esel den Weg zum Stall.

Zusammenfassung

Maria und Josef trafen vor Bethlehems Stadttor zwei Hirten mit ihrer Herde, zu der auch die beiden Schafe gehörten, die sie begleitet hatten. Alle Tiere, bis auf den Esel, blieben vor der Stadtmauer auf der Weide zurück, um sich nach der anstrengenden Reise ausruhen zu können. Es gesellte sich ein Schmetterling zu den Tieren. Er begrüßte Maria mit drei Flügelschlägen. Nach einer langen Suche bot ein Mann Josef und Maria eine Unterkunft in seinem Stall an. Er gab ihnen eine Laterne, damit sie den Weg besser finden konnten.

Bastelarbeit: Tischlaterne

Maria und Josef erhalten von einem alten Mann für ihren letzten Wegabschnitt eine Laterne. Die Kinder können eine eigene Tischlaterne mit zwei Flügeln basteln, hinter die ein Teelicht gestellt wird. Durch die brennende Kerze kommen die dunklen Motive vor dem bunten Transparentpapier besonders gut zur Geltung. Neben die beiden Flügel können später der Esel von Seite 11 und der Ochse von Seite 51 gestellt werden.

Material pro Kind:

- Schere oder Prickelnadel
- schwarzer Tonkarton (42 cm breit, 16 cm hoch)
- Bleistift
- Transparentpapier in verschiedenen Farben
- Klebstoff
- schwarzer Tonkarton zum Aufzeichnen der Motive

So wird's gemacht:

Vorbereitung:

- Das zurechtgeschnittene Stück Tonkarton in drei Abschnitte einteilen: in der Breite die erste Markierung nach 13 cm setzen, die zweite Markierung nach weiteren 16 cm.

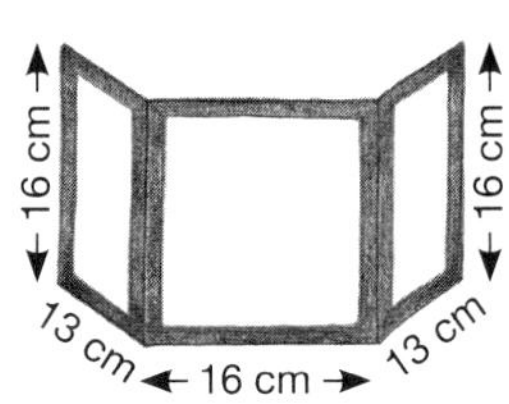

- Den Tonkarton an den Markierungen so knicken, dass er probeweise aufgestellt werden kann.
- Auf den Mittelteil und auf die beiden Flügel jeweils einen Rahmen mit einem Abstand von 2 cm zu den Außenkanten bzw. zum Falz zeichnen.

Bastelarbeit der Kinder:

- Die Fenster ausschneiden oder -prickeln.
- Die drei entstandenen Fenster mit verschiedenfarbigem Transparentpapier hinterkleben.
- Auf schwarzen Tonkarton die Umrisse von frei gewählten Motiven zeichnen.
- Diese ausschneiden und in die Fenster auf das Transparentpapier kleben; in die Mitte z.B. Josef, Maria und die Krippe, auf den linken Flügel Schafe und auf den rechten Flügel Sterne.

Tipp

Einige ältere Kinder interessieren sich bereits sehr für Maße. Zeigen Sie ihnen während Ihrer Vorbereitung, wie Sie mit Lineal und Bleistift umgehen. Geschickte Kinder können die Umrisse der Laternen bereits selbst ausschneiden.

23. Dezember

Wer wartet am Stall?

Der alte Mann hatte den Weg zum Stall gut beschrieben. Im Schein der Laterne fand Josef die Wegkreuzung, an der sie abbiegen mussten.

„Da drüben muss der Stall sein. Dort kannst du dich ausruhen“, sagte Josef zu seiner müden Verlobten.

Er half Maria vom Esel abzusteigen, denn der Weg war so steil, dass der Esel mit ihr auf dem Rücken kaum noch vorwärtskam. Gemeinsam gingen sie weiter, während Josef den Weg mit der Laterne beleuchtete.

Plötzlich hörten sie in der Ferne ein merkwürdiges Rufen: „Gloooor, gloooor!“

Könnt ihr euch denken, was das für ein Geräusch war?

Maria und Josef schauten sich fragend an, denn sie wussten beide nicht, was es mit dem Geräusch auf sich hatte. Josef hob die Laterne ein wenig höher, um etwas erkennen zu können, aber das Licht strahlte nur ein paar Meter weit. Wer oder was das Geräusch verursacht hatte, konnten sie nicht sehen.

Sie fürchteten sich ein wenig, aber als sie noch ein Stückchen weitergelaufen waren, erkannten sie am Ende des Weges den Stall. Er stand auf einer Weide.

Als ein noch lauteres „Gloooor!“ ertönte, fing der Esel an zu traben und beeilte sich, zum Stall zu kommen. Er zog so sehr an der Leine, dass Josef sie kaum noch festhalten konnte.

Einige Meter vor dem Stall blieb der Esel stehen. Josef nahm allen Mut zusammen und beleuchtete den Stall mit der Laterne. Als Maria und Josef sahen, welches Tier neben dem Stall lag, atmeten sie auf. Sie lächelten und begrüßten das Tier.

Wisst ihr, welches Tier neben dem Stall auf Maria, Josef und den Esel gewartet hat?

Zusammen mit dem Ochsen gingen Josef, Maria und der Esel in den Stall hinein. Im Stall war es viel wärmer als draußen und es roch angenehm nach Heu.

Die Tiere trabten zu der Futterkrippe, die mitten im Stall stand. Genussvoll fraßen sie von dem Heu.

Der Ochse blickte seine Gäste zwischendurch immer wieder friedvoll an und rief noch einmal: „Gloooor!“

Maria streichelte sein Fell und sagte: „Oh, wie schön! Er sieht uns so freundlich an und schenkt uns auch noch ein bisschen Wärme. Ich bin sehr froh, dass wir hier im Stall bleiben können.“

Josef nickte, schob auf dem Boden einige Büschel Stroh zusammen und breitete die Decke darauf aus.

Warum hat Josef das wohl gemacht?

Endlich konnten sich die beiden von der langen Reise auf einem Bett aus Stroh ausruhen.

Zusammenfassung
Im Schein der Laterne suchten Josef und Maria den Weg zum Stall. Kurz vor ihrem Ziel hörten sie merkwürdige Rufe: „Gloooor!“ Sie entdeckten bald, dass ein Ochse diese Geräusche machte, um sie begrüßen. Erleichert gingen Maria, Josef und der Esel zusammen mit dem Ochsen in den Stall, um sich auf einem Bett aus Stroh von der langen Reise auszuruhen.

Bastelarbeit: Ochse

Heute wird der Ochse analog zum Esel von Seite 11 hergestellt. Der fertige Ochse kann zusammen mit dem Esel neben die Tischlaterne gestellt bzw. als Weihnachtsgeschenk mit nach Hause genommen werden.

Material pro Kind:
- Schablone von Seite 64, Bleistift zum Umranden
- braunes Tonpapier (DIN A4)
- Schere
- Tacker
- Buntstifte
- schwarze oder braune Wolle
- helle Papierschnipsel

So wird's gemacht:
- DIN-A4-Tonpapier mittig falten, sodass ein DIN-A5-Bogen entsteht.
- Den Ochsen mithilfe der Schablone so aufzeichnen, dass die Rückenpartie oben an der gefalteten Kante liegt.
- Den Ochsen ausschneiden, ohne die Rückenpartie zu durchtrennen. Der Ochse hat nun vier Beine.
- Die Ohren mit oder ohne Schablone auf das Tonpapier malen, ausschneiden und an den Kopf tackern, sodass gleichzeitig die beiden Kopfhälften miteinander verbunden werden. Hierbei benötigen die Kinder die Hilfe eines Erwachsenen.
- Gesicht und Hufe aufmalen.
- Die Markierung am Hinterteil des Ochsen durchstechen und Wollfäden so als Schwanz befestigen, dass auch die beiden Hinterteilhälften zusammenhalten.
- Der Ochse kann nun mit Flecken bemalt oder mit helleren Papierschnipseln beklebt werden.

Stall herrichten

Falls Sie einen Adventspfad aufgebaut und täglich ergänzt haben, kann nun der Stall am Ende des Weges aufgestellt werden. Hierzu können Sie eine große Wurzel oder eine vorbereitete Hütte verwenden.

24. Dezember

Der große Tag

Maria lehnte sich an Josef. Beide waren sehr froh, dass sie die Reise gut überstanden und nun eine Bleibe im Stall gefunden hatten.

Maria fragte: „Weißt du noch? In Nazareth hat dein Esel sich geweigert loszulaufen."

Da hörten sie aus dem Hintergrund ein lautes „Iah!" und mussten herzhaft lachen.

Bestimmt wisst ihr, wer sich da zu Wort gemeldet hat.

Sie kuschelten sich gemütlich aneinander und redeten noch ein bisschen über ihre Erlebnisse mit den Tieren: Sie sprachen vom Spatz, vom Elefanten …

(Hier können Sie Tiere hinzufügen, an deren Geschichten die Kinder besonders viel Freude hatten.) Könnt ihr euch erinnern, was Maria und Josef mit diesen Tieren erlebt haben?

Dann wurde es ganz still im Stall. Der Ochse und der Esel schliefen.

Nur Josef und Maria waren hellwach, weil sie wussten, dass bald etwas Wunderbares geschehen sollte. Und so war es auch: Mitten in der Nacht brachte Maria ihren Sohn zur Welt – Jesus, den Sohn Gottes.

Daraufhin hörte man Engel ein fröhliches Lied anstimmen. Sie sangen: „Gloria! In excelsis Deo! Ehre sei Gott in der Höhe! Ein Kind ist euch geboren, Gottes Sohn ist für euch auf die Welt gekommen! Gloria!"

Wem wollten die Engel diese frohe Nachricht von der Geburt Jesu bringen?

Die Hirten machten sich mit ihren Schafen gleich auf den Weg, um das neugeborene Kind, von dem die Engel berichtet hatten, zu suchen.

Von dem wundervollen Engelsgesang wachten auch die Tiere auf, die mit Maria und Josef die Reise unternommen hatten und die nun auf der Weide ruhten. Zusammen mit den Schafen wollten sie den kleinen Jesus begrüßen.

Über dem Stall leuchtete ein heller Stern. Die Hirten und die Tiere folgten diesem Licht und so trafen nach und nach alle vor dem Stall ein.

Jedes Tier begrüßte das neugeborene Jesuskind auf seine ganz eigene Weise: Der Spatz pfiff, der Elefant trompetete und der Igel gab ganz leise Geräusche von sich. Der Hund bellte fröhlich, der Papagei rief: „OH WIE SCHÖN!", und die Giraffe machte feine Schnappgeräusche mit ihren Lippen. Das Eichhörnchen, die Maus, das Chamäleon und die Schildkröten trippelten mit ihren Füßchen, als wollten sie klatschen. Als die Taube und die Biene hochflogen, um sich auf einen Dachbalken des Stalls zu setzen, hörte man sehr leise ihre Flügelschläge. Die Katzen miauten im Chor, die Schnecke wackelte aufgeregt mit den Fühlern und das Dromedar schlug dazu im Takt mit seinem Schwanz gegen die Stalltür. Der Käfer glänzte in dieser Nacht noch ein bisschen mehr als sonst und das Pony beschnupperte ganz begeistert seinen Freund, den Esel. Die beiden Schafe, die Maria und Josef während der Reise gefunden hatten, traten aus ihrer Herde heraus, stellten sich neben die Krippe, in der Jesus lag, und begrüßten ihn mit einem freudigen „Mäh!“. Als der bunte Schmetterling herbeiflog, um sich neben Jesus auf den Rand der Krippe zu setzen, knisterten seine Flügel ganz leise in der Luft.

Und wie von den Engeln, die auf den Feldern „Gloria!“ gesungen hatten, erschallte nun abwechselnd vom Ochsen und vom Esel ein fröhliches „GLOOOR!“ – „IAH!“ – „GLOOOR!“ – „IAH!“.

Maria und Josef freuten sich sehr, als sie sahen, dass der kleine Jesus lächelte.

Zusammenfassung

Mitten in der Nacht brachte Maria ihren Sohn Jesus in dem Stall zur Welt. Die Engel stimmten einen fröhlichen Gesang an: „Gloria in excelsis Deo!“ Durch das Lied wachten die Hirten und auch alle Tiere auf der Weide auf, die Maria und Josef nach Bethlehem begleitet hatten. Sie gingen zum Stall und begrüßten den kleinen Jesus. Auch der Ochse und der Esel freuten sich sehr über die Geburt Jesu und riefen: „GLOOOR!“ – „IAH!“

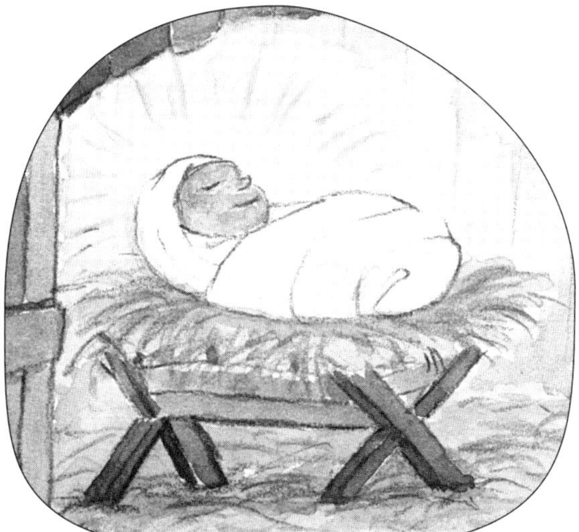

24. Dezember

Die heilige Familie

Wahrscheinlich lesen Sie die 24. Geschichte am letzten Öffnungstag der Einrichtung vor. Weisen Sie die Kinder deshalb auf Folgendes hin: Zwar hören sie bereits heute die Erzählung von der Geburt Jesu. Diese wird allerdings erst am Heiligen Abend gefeiert.

Engelsgesang

Aus dem „GLOOOR“ des Ochsen und dem „IAH“ des Esels ergibt sich der Lobgesang der Engel: „GLORIA“. Dieses traditionelle Lied wird nun mit den Kindern eingeübt. Trotz des vermeintlich schwierigen Melodieablaufes, kann das Lied nachgesungen oder zumindest gemeinsam gesummt werden.

Ausmalbild

Material pro Kind:

- Kopie des Ausmalbildes von Seite 55 (Verkleinerung des Adventsposters)

So wird's gemacht:

- Bevor die Kinder nach Hause gehen, erhalten sie jeweils eine Kopie, um das Bild zu Hause ausmalen zu können.
- Lassen Sie die Kinder abschließend anhand der Kopie, des Posters oder des aufgestellten Adventswegs von ihren Lieblingspassagen der Geschichte erzählen.

Gloria

Kleines Weihnachtsspiel

1. Josef
Die weite Reise machten wir
von hier nach Bethlehem.
Jetzt sind wir da und freuen uns:
Ein Wunder ist gescheh'n.

2. Maria
Der Weg war weit, jetzt ist's geschafft,
nun sind wir endlich hier.
Begleitet hat uns auf dem Weg
so manches nette Tier.

3. Esel
Hallo, ich bin der Esel
und war als Erster da.
Ich durfte sie begleiten,
zum Gruß ruf ich: „Iah!“

4. Spatz
Und zwischen Esels Ohren
kam ich an diesen Platz.
Fürs Christkind will ich singen.
Ich bin der kleine Spatz.

5. Elefant
In meinem langen Rüssel,
da steckte etwas drin.
Der Spatz, der kitzelte es raus,
so kam ich Elefant hierhin.

6. Igel
Ich Igel war im Laub versteckt,
auf dem schlief Josef fein.
Dann war ich froh und stolz zugleich,
auf dem Weg dabei zu sein.

7. Hund
„Wau, wau!“, grüß ich das Jesuskind
und wedle mit dem Schwanz.
Ich bin ein Hund und freue mich
am schönen Sternenglanz.

8. Papagei
Als Papagei, da plapper ich
den lieben langen Tag.
Denn von der Freud des Weihnachtsfests
ich euch verkünden mag.

9. Giraffe
Ihr kennt ja mich Giraffe schon
als ziemlich großes Tier.
Viel größer aber ist das Wunder,
das geschehen hier.

10. Eichhörnchen
Auch ich als kleines Eichhörnchen
hüpf hin zur Heil'gen Nacht.
Und als Geschenk zu der Geburt
hab Nüsse ich gebracht.

11. Maus
Husch, husch, so schnell versteck ich mich,
die klitzekleine Maus.
Jetzt möcht ich's Jesukindlein seh'n,
drum schlüpf ich schnell heraus.

12. Chamäleon
Chamäleon werd ich genannt
und ich bin kaum zu seh'n.
Da konnt ich heimlich, still und leis
zur Krippe mit hingeh'n.

13. Schildkröte
Kaum war'n wir Schildkröten geschlüpft,
schon ging es auf die Reise.
Jetzt sind wir da, das Kind zu seh'n,
und staunen auch ganz leise.

14. Taube
Ich Taube half den Weg zu finden,
dorthin nach Bethlehem.
Ich folgte euch den ganzen Weg,
um's Christkind auch zu seh'n.

15. Katze
Mit Dornen in der Katzenpfote
konnt ich fast nicht mehr geh'n.
Maria zog sie mir heraus,
jetzt kann ich auch hier steh'n.

16. Biene
Von meinem süßen Bienenhonig
konntet ihr mal schlecken.
Und wenn das Christkind größer ist,
darf's davon auch mal lecken.

17. Schnecke
Ich Schnecke wollte auch gern mit,
doch war ich nicht so schnell.
Ein Großer nahm mich Huckepack,
jetzt bin auch ich zur Stell.

18. Dromedar
Ich Dromedar, ich traf die beiden,
nun sehen wir uns wieder.
Und bei dem schönen Anblick hier,
knie ich voll Ehrfurcht nieder.

19. Käfer
Ich bin ein kleines Käferlein,
mein Körper strahlt vor Glanz.
Doch neben diesem Kindelein
verblasse ich ja ganz.

20. Pony
Ich Pony fand den Esel
und wollte ihn begleiten.
Und wenn das Christkind größer ist,
darf's auch mal auf mir reiten.

21. Schafe
Auch wir, die Schafe von dem Feld,
kamen zum Stall ganz schnell.
Damit das Christkind kuscheln kann
in uns'rem weichen Fell.

22. Schmetterling
Mit bunten Flügeln kam
ich Schmetterling hierher.
Nun reih ich mich zum Singen ein
ins ganze frohe Heer.

23. Ochse
Bei mir im Stall, da war zum Glück
noch Platz für alle drei.
Das Wunder ist heut Nacht gescheh'n,
ich Ochs war mit dabei.

24. Alle Tiere
Wir Tiere alle, groß und klein,
sind ihm zur Ehr heut da.
Stimmt mit uns in das Loblied ein,
singt: „GLO-O-O-RI-A!“

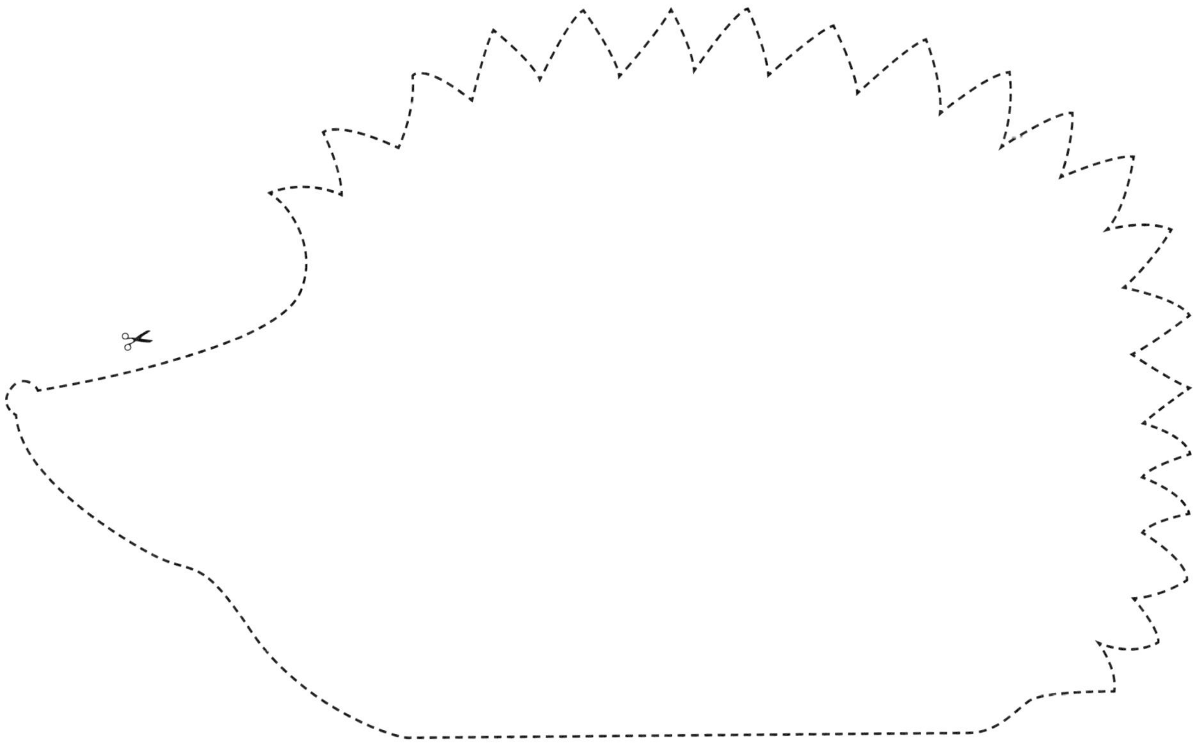

Gestaltungsvorlagen

Gestaltungsvorlagen

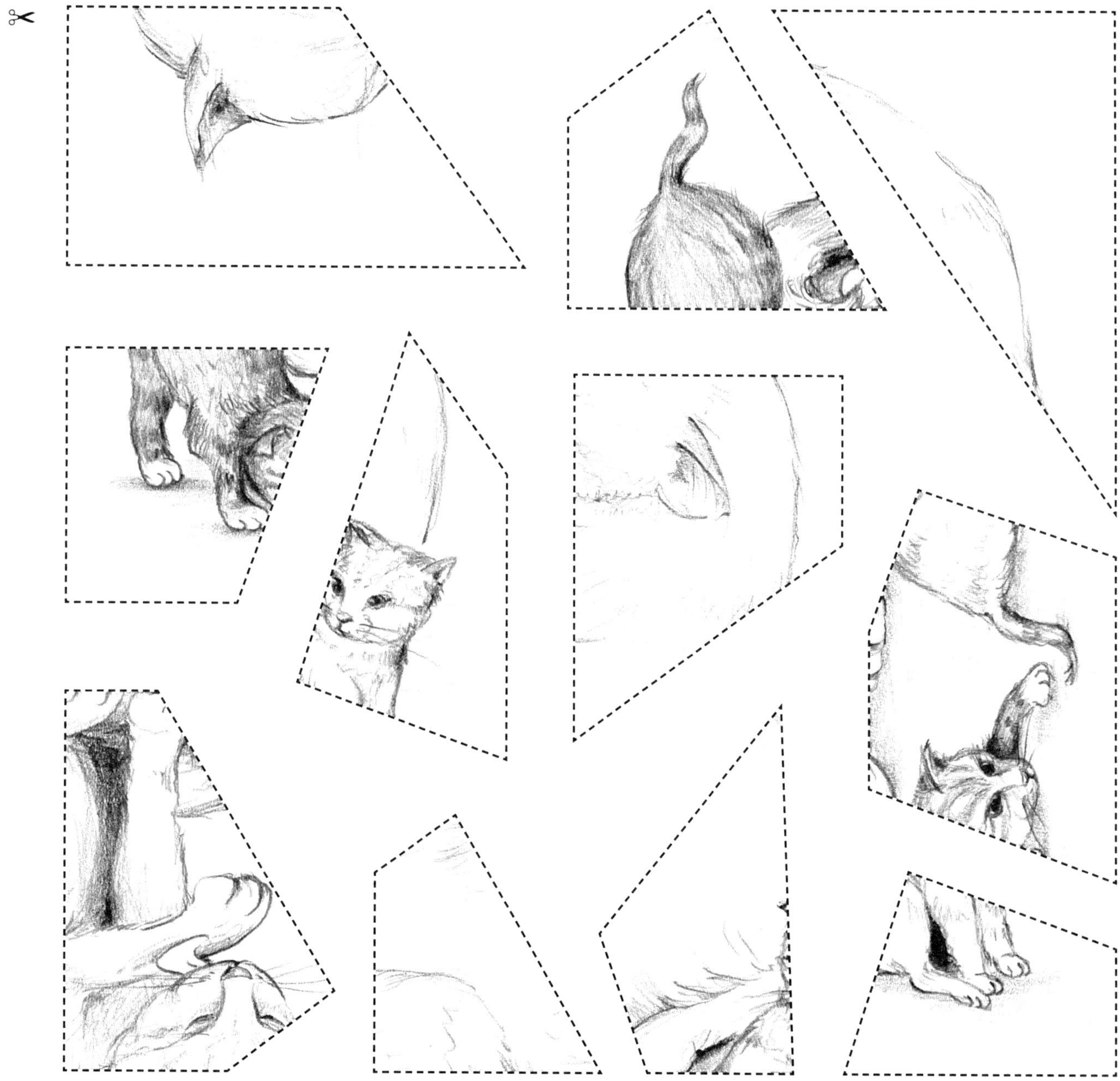

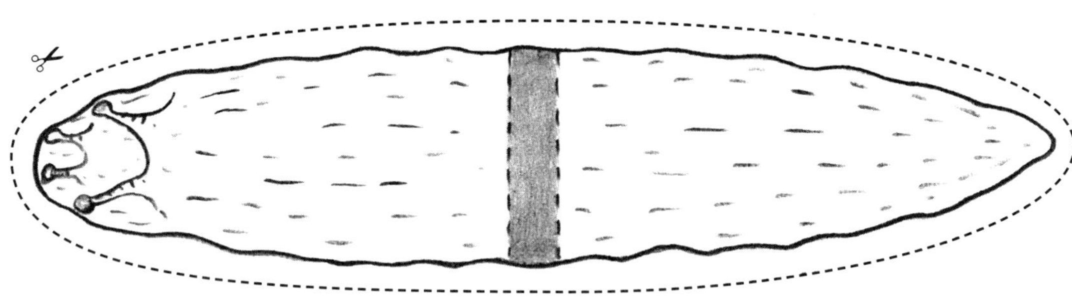

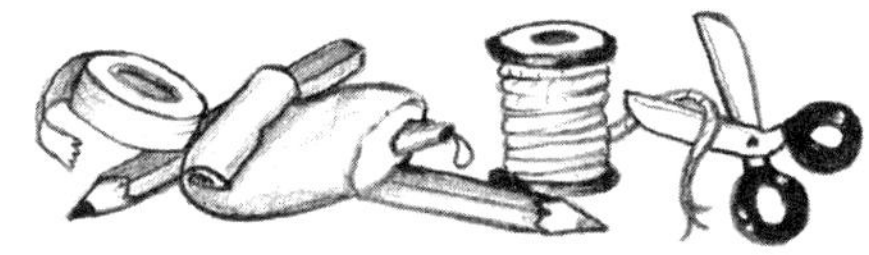

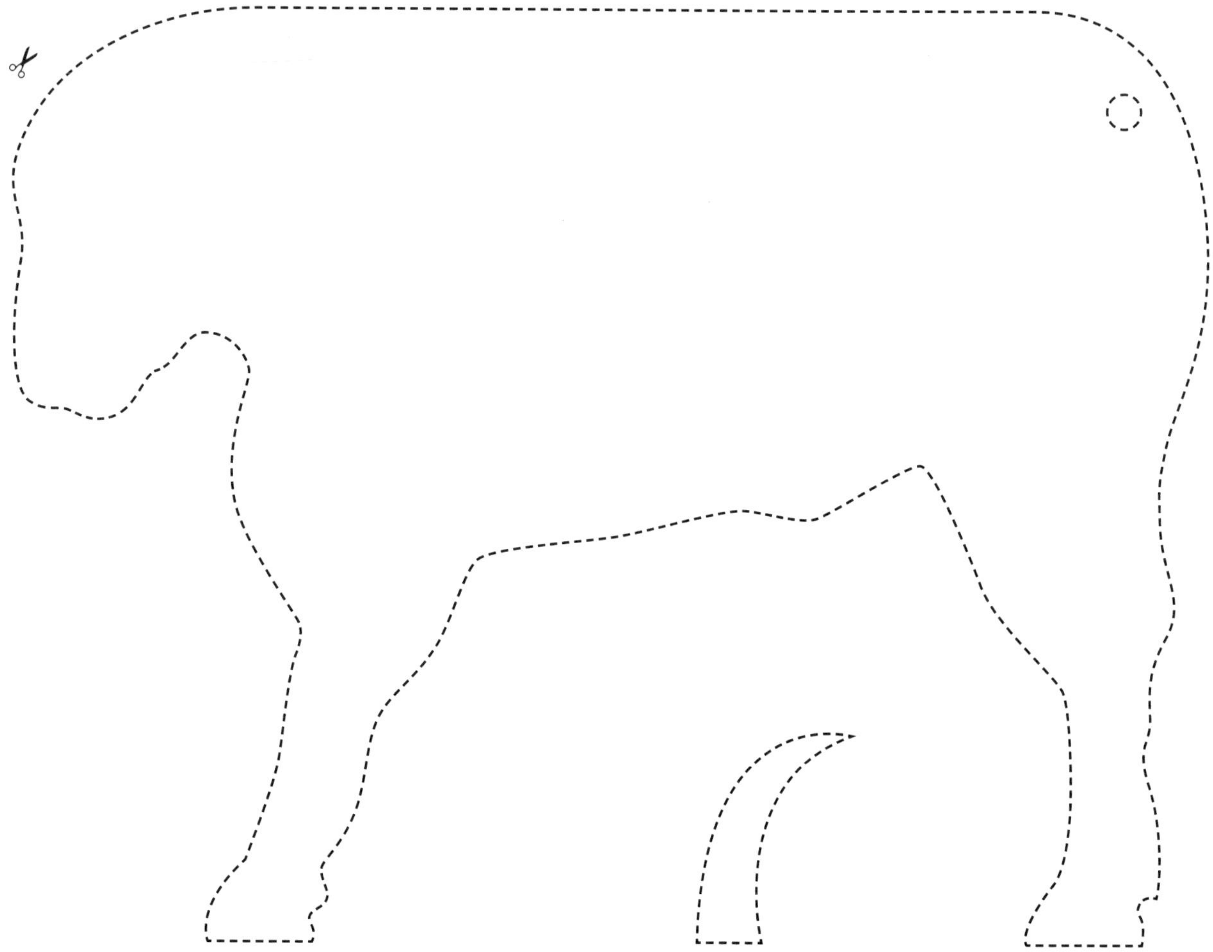

